SUR LES CHEMINS DE STEVENSON

Cévennes
& autres
itinéraires
européens

VOYAGES GALLIMARD

Avant-propos

Ce livre est une merveilleuse invitation à partir cheminer sur les chemins de Stevenson. L'écrivain écossais, conteur hors-pair, idéaliste, philosophe, rêveur, amoureux et humaniste, nous invite à l'évasion et à la curiosité sur les lieux qui ont inspiré ses romans (*L'Île au trésor*, *Enlevé ! Catriona...*), ses récits de voyage (*Voyage en canoë sur les rivières du Nord*, *Voyage avec un âne dans les Cévennes...*), ses poèmes...

Des Highlands aux Cévennes, d'Édimbourg à Barbizon, des rivières et canaux du Nord aux Pentland Hills du Lothian, sa région natale, partez sur les traces de l'écrivain-voyageur, au fil d'un itinéraire culturel unique, à la découverte des territoires européens et de leurs valeurs.

Highlands, Cévennes, Édimbourg, Davos, Menton, Bad Hombourg vor der Höhe, Bristol… Les lieux traversés ou évoqués par Stevenson conservent le souvenir de son passage. Des associations et des collectivités publiques s'attachent à promouvoir la mémoire de l'auteur en organisant des activités culturelles, littéraires, sportives et de loisirs. Sous l'impulsion du Chemin des Cévennes, ces associations ont constitué un réseau européen, certifié en 2015 « Itinéraire culturel » par le Conseil de l'Europe.

Le programme des Itinéraires Culturels du Conseil de l'Europe, animé par un Institut Européen des Itinéraires Culturels (IEIC), regroupe 48 itinéraires, parcourant au moins trois pays. Pas moins de 34 itinéraires culturels, réunis dans la Fédération Française des Itinéraires Culturels Européens (FFICE) traversent la France. Vous en croiserez plusieurs tout au long des chemins de Stevenson.
Ce programme valorise des chemins et des lieux portant des valeurs de tolérance, de promotion de la paix, proposant un tourisme durable et œuvrant à la transmission du patrimoine historique et culturel des européens.

Sur les traces de – In the footsteps of Robert Louis Stevenson
RÉSEAU EUROPÉEN - EUROPEAN NETWORK

Cultural route of the Council of Europe
Itinéraire culturel du Conseil de l'Europe

COUNCIL OF EUROPE
CONSEIL DE L'EUROPE

Soutenu par
MINISTÈRE DE LA CULTURE
Liberté
Égalité
Fraternité

- **Hubert Pfister**, président de l'association Sur le chemin de Stevenson (Cévennes)
- **Joyce Lévejac-Boum**, cheffe de projet, Association des Cévennes
- **Martin White** , président du réseau Européen
- **Michel Legros**, secrétaire général du Réseau Européen
- **Christian Brochier**, référent du réseau Européen, projet Gallimard

Association
Sur le chemin de Robert Louis Stevenson

Sommaire

Ascension du mont Lozère

Le chemin de S

Au sud du mont Lozère, vers Pont-de-Monvert

(St)evenson dans les (C)évennes

×× France

En 1878, quand Stevenson entreprend la traversée du Monastier-sur-Gazeilles à Saint-Jean-du-Gard avec son ânesse Modestine, c'est le cœur lourd... Fanny Osbourne vient de rentrer en Amérique sur la promesse de divorcer et de le rejoindre au plus vite. Pour pallier à la douloureuse attente, il décide de parcourir les Cévennes, région dont l'histoire tourmentée – celle des camisards – lui rappelle celle de l'Écosse des covenantaires... Si bien qu'il pense d'abord intituler son récit *Voyage avec un âne dans les Highlands françaises*. À votre tour de suivre les pas de l'écrivain dans ces paysages sublimes, toujours changeants, avec ou sans un compagnon à longues oreilles, à la belle étoile ou dans la douceur des refuges...

Le Puy-en-Velay
Coubon
Le Monastier-sur-Gazeille
Ussel
Courmarcès
Goudet
Le Bouchet-Saint-Nicolas
Landos
Arquejols
Pradelles
Lac de Naussac
Langogne
Brugeyrolles
Luc
Cheylard-l'Évêque
Laveyrune
La Bastide-Puylaurent
Abbaye Notre-Dame-des-Neiges
Forêt de Mercoire
Chasseradès
Les Alpiers
Le Bleymard
Station du Mont-Lozère
Finiels
Le Pont-de-Montvert
Bédouès
Florac
Mijavols
Saint-Julien-d'Arpaon
Cassagnas
N
O
E
S
Le Serre de la Can
Saint-Germain-de-Calberte
Pont de Burgen
Saint-Étienne-Vallée-Française
Alès
Saint-Jean-du-Gard
Mialet
Le Cambon

Le Bleymard

Flânerie dans les Cévennes

Une aventure à 6 pattes

Son pelage, sur lequel ruisselle depuis des heures une pluie battante, forme d'adorables boucles. Elle s'ébroue, fait papillonner ses longs cils, me regarde de ses grands yeux à la tendresse infinie. Puis, à la première distraction de ma part, file sous un arbre n'offrant en guise d'abri que quelques branchettes. Qu'importe : son museau est couvert, la voilà satisfaite.

Craquotte n'aime pas la pluie. Cette belle ânesse obsidienne, pourtant dotée d'une vive intelligence, traîne des sabots. J'ai beau la câliner, lui présenter des pissenlits bien en fleur, des branches de cerisier sauvage dont elle raffole, plaider que ce pas d'une lenteur incroyable ne fait que nous tremper davantage, chanter ou compter à voix haute pour donner du rythme... Elle tourne ses longues oreilles vers moi, attentive à la moindre intonation, mais ne hâte le pas que lorsque la pluie cesse momentanément.

À mi-chemin de la montée au mont Lozère, un autre âne apparaît dans son champ de vision : haute stature, charisme hollywoodien, c'est le George Clooney des ânes!

Le couple d'Allemands qui l'accompagne et moi échafaudons des hypothèses pour expliquer ce coup de foudre réciproque. Craquotte et Cabriole se connaissent-ils? Se croisent-ils chaque saison ? Puis, comme dans toute bonne *rom com*, le drame éclate : le beau gosse part vers d'autres horizons, la passion de quelques minutes ayant suffi, certainement, à flatter son ego. Craquotte refuse de bouger d'un millimètre. Jacob, un randonneur bien musclé, vient à ma rescousse, nous voilà tous deux tirant sur la longe. Elle, sans effort, campe sur sa position, lance des œillades amoureuses à son héros déjà bien loin. Je soupire. Stevenson aurait résolu le tout de quelques coups d'aiguillon. Autre époque, autres mœurs, je ne peux même pas me résoudre à lui donner un coup de corde sur la croupe... Je préfère coller mon nez contre elle et lui souffler de l'air chaud dans les naseaux. Elle se détend, enfin, un sabot bouge, puis un autre... Entre intempéries et passion, il ne nous faut pas moins de 9 heures pour parcourir les 12 km de l'étape du jour entre Le Bleymard et Finiels. Et dire que ce devait être l'étape la plus courte de l'aventure!

Qui ne rêve pas, pourtant, d'emprunter le même chemin que Robert Louis Stevenson avec son ânesse Modestine ?

De voir les paysages se dérouler au pas de l'âne ? Les premiers jours, projetée d'un coup de calèche moderne du Puy-en-Velay au Monastier-sur-Gazeille, j'avance seule, à mon rythme. Cette transition me semble nécessaire pour que la pression du quotidien, écrasante ces derniers mois, s'estompe doucement. Inutile de charger l'ânesse que je dois retrouver à Chasseradès de bagages émotionnels en plus !
Lors de ces premiers jours, je laisse donc le soin au relief de me dépayser. La campagne du Velay, parsemée de sucs, ces petits monts volcaniques émoussés par les millénaires, s'en charge aisément. À distance, les douces oscillations de la ligne d'horizon, tapissées de forêts, attendrissent presque... De près, les sentes qui les sillonnent se révèlent aussi pentues à la montée qu'à la descente ! La nature est omniprésente... Est-elle identique à celle que l'écrivain écossais traversa en 1878 ? J'aime à le penser. Au creux des vallées, seul retentit le chant du coucou. Ce n'est qu'à l'orée des hameaux et des villages que le XXIe siècle me rattrape. Lassée par la pluie qui m'accompagne depuis mon départ du Monastier, je pousse la porte embuée de La Bascule, l'unique café de Landos. Quelle surprise, alors que les rues alentour sont désertes, de voir la salle pleine à craquer ! Voyant la porte s'ouvrir, le patron m'accueille d'un large sourire : « Je n'avais jamais vu autant d'escargots qu'aujourd'hui, des bleus, des rouges, des jaunes, je vais pouvoir les collectionner ! » lance-t-il en un clin d'œil affectueux aux randonneurs dont les sacs à dos sont recouverts de capotes imperméables colorées. Tous, malheureusement, n'ont pas emporté l'équipement adéquat, ou pas aussi adapté qu'ils l'avaient cru. À ceux-là, il tend un rouleau de sacs-poubelle : « Ça n'est pas bien chic mais vous verrez, ça fait l'affaire... » Un drôle de défilé de mode s'ensuit : un ensemble jupe et T-shirt, un manteau de fortune, trois pas, main sur la hanche, de grands éclats de rire, partagés avec les habitués au comptoir.
Depuis sa création il y a 30 ans, le chemin de Stevenson prend chaque année de l'ampleur, mais l'atmosphère reste bon enfant. Les villageois voient dans cet essor touristique une chance de garder épiceries et bistroquets ouverts, de redynamiser les campagnes. Et le marketing Stevenson est encore discret, seulement quelques aimants, cartes postales et tours de cou aux profils de Stevenson et de Modestine... Ce n'est pas dans le récit de voyage du célèbre Écossais que réside l'héritage cévenol... Montrer les outils d'antan, raconter l'histoire d'une fontaine, partager la recette d'un gâteau aux châtaignes dit la région tout aussi bien.

Arrivée à Pradelles, je prends quelques secondes, courbée sur mon bâton de marche, pour lire l'affiche placardée sur une porte d'entrée vernissée. J'entends soudain le bruit d'une fenêtre que l'on ouvre... Apparaît le visage d'une vieille dame, auréolé d'une chevelure blanche qui lui donne l'air d'un ange : « C'est pour le tournoi de belote de cet après-midi ? me questionne-t-elle. Venez, venez, vous verrez, c'est très chouette ! Il y a des jeunes, des vieux, des coups à boire et des tartes maison. Tout le monde est bienvenu. Ça vous fera du bien de vous poser un peu, même 15 minutes ! » Il me reste encore bien du chemin à parcourir, je décline à grand regret. « On fait ça tous les mois. Revenez quand vous voulez, ça nous fera plaisir. »

Dans les ruelles séculaires de Langogne, je m'arrête tour à tour à une boulangerie, une fromagerie, chez un maraîcher, dans une coopérative paysanne avec l'envie de tout goûter, de tout emporter. Les commerçants, attentionnés, ont beau emballer les victuailles afin qu'elles prennent le moins de place possible, me voilà chargée comme une mule! La campagne parsemée de coucous – leurs clochettes jaune pâle dansent dans la brise – a beau être bucolique, la fatigue s'installe. Où s'arrêter? Tout est détrempé. Un groupe de Bretons, croisé et recroisé au fil du chemin, me fait soudain signe : ils ont trouvé un coin de grange bien au sec, autant les rejoindre et mettre en commun notre festin.

Les dernières miettes secouées, nous reprenons la route ensemble, puis nous nous séparons, leur pas étant bien plus sportif que le mien. Le dernier sac à dos, surmonté d'un Gwenn ha du, le drapeau noir et blanc de leur région, disparaît au détour de la forêt de Mercoire, parsemée de blocs de granit monumentaux. Certains, côte à côte, forment de petites grottes naturelles, comme le Ron de la Baoume, à quelques dizaines de mètres du sentier. D'autres arborent au sommet une croix de pierre. Rien n'indique leur origine. Le seul panneau didactique en dit plus long sur les fiers sapins – dits « de Stevenson » – qui les entourent : leur âge correspondrait approximativement au passage de l'écrivain... Aujourd'hui, le paysage est un enchantement sans limite... mais en 1878, la toute jeune sapinière peinait à assécher les marécages et disparaissait aisément dans le brouillard.

La simplicité et la générosité se retrouvent d'un village à l'autre. Au refuge du Moure, au Cheylard-l'Évêque, les voyageurs découvrent, délicatement posé dans leur bol de petit déjeuner, un biscuit en forme d'âne. « Quel boulot de les confectionner chaque matin! » fais-je remarquer à Thomas, qui a hérité du gîte de ses parents. « Regardez ces visages éclairés, heureux comme si on avait glissé une orange dans leurs sabots un jour de Noël, et dites-moi que ça ne vaut pas le coup de se réveiller 15 min plus tôt pour les faire! »

De même, à l'abbaye Notre-Dame-des-Neiges, où Stevenson passa lui aussi quelques nuits, le dîner commun s'accompagne d'une prière de gratitude : pour une météo clémente, les rencontres faites sur le chemin, une journée sans ampoules ou sans douleur, un toit et un bon repas après tant de kilomètres parcourus... D'un même accord, nous levons notre verre à ces bonnes paroles. Peu nous importe, dans cet instant d'une grande humilité, qu'il contienne de l'eau plutôt que du vin... Ce n'est que plus tard, pendant les vêpres (chacun est libre d'y assister ou pas), alors que les chants grégoriens s'harmonisent avec la lumière du crépuscule, que le temps me semble avoir cessé de compter. Impossible de me souvenir depuis combien de jours je marche, de discerner combien l'aventure en compte encore. Je n'ai plus comme repères que les reliefs traversés, les conversations partagées, les noms des vallées, campagnes et monts à venir, et l'envie de mettre un pied devant l'autre, sans autre attente que celle de nouveaux paysages à découvrir. Quel sentiment de légèreté, de liberté, même !

En ce temps-là, une silhouette
ou le tintement d'une cloche
faisaient vite frissonner l'âme...
Louis eut hâte de quitter la forêt!

Le Cheylard-sur-l'Évêque

Plateau de l'Hermet

Je rejoins le paisible village de Chasseradès à travers des décors brodés de genêts. Quelques détours me déposent à la ferme de Prat Claux, où Christelle concocte de bons petits plats vendus en bocaux – blanquette, saucisses, lentilles... « Du sel, du poivre, un peu d'ail, rien de plus. Pas question de mettre des additifs là-dedans ! » m'explique-t-elle avant de m'indiquer le coin de verdure où m'installer pour la nuit.

J'ai tout juste fini de monter ma tente qu'une camionnette avec remorque arrive à la ferme. En descend une femme au visage radieux qui dégage une infinie bonté.

Ânière et éthologue, Marie-Ange fait office de marieuse, accordant personnalités du voyageur et de l'animal pour une osmose parfaite.

Avant mon départ, nous nous sommes parlé longuement au téléphone, étudiant ensemble les détails du voyage. Elle me conseille alors le camping plutôt que le bivouac, plus compliqué avec un âne (il faut trouver une prairie verdoyante, une source d'eau et un point d'attache dégagé d'arbres). Elle recommande des variantes au chemin pour éviter les passages trop difficiles. Enfin, je la rencontre, embrassade, tutoiement sont de mise. Pendant les deux heures suivantes, avec son aide, je m'applique à harnacher le bât, à équilibrer les sacoches et, surtout, à bien sécuriser les nœuds coulants, car l'âne sait très bien se libérer d'un simple coup de sabot !

Le véritable apprentissage est ailleurs. Depuis le départ du Puy-en-Velay, je suis restée connectée : trace GPX, appli météo, page Facebook du GR®70, un coup d'œil occasionnel à l'heure, car les gîtes en demi-pension, où je m'installe en alternance avec le camping, sont intransigeants sur l'horaire du dîner. Mais avec Craquotte, toutes ces préoccupations s'évanouissent. Craquotte impose de vivre, comme elle, dans le présent, sans se soucier du reste, certaine qu'elle finira par arriver à sa destination. À la moindre pause, elle prend le temps de brouter de l'herbe tendre et parfumée. À d'autres moments, elle s'offre des minutes philosophiques, on dirait qu'elle étudie le paysage. En fait, elle l'écoute : le chant des oiseaux, le murmure d'un ruisseau... Elle a souvent fait ce chemin, je devine qu'elle en connaît le moindre détail, le moindre lacet.

Lors de notre lente ascension du mont Lozère, d'épais bancs de brouillard s'emparent du paysage, masquant jusqu'aux pierres étoilées de lichen qui bordent le chemin. Dire que cet ancien bornage médiéval servait à se repérer par mauvais temps ! Ma compagne, elle, semble savoir où elle va : je pose la longe sur les sacoches et la laisse nous guider. Inutile de chercher du regard le balisage, sa mémoire semble infaillible. Mais vu le brouillard, inutile de grimper au sommet pour profiter de la vue. Je décide alors de suivre une variante nous permettant de rester sur le plat. Une éclaircie miraculeuse dévoile, quelques minutes à peine, un paysage de bruyères digne des Highlands écossaises et encore zébré de neige par endroits. Émerveillée, je m'assois un instant pour savourer la scène. Craquotte, elle, trotte immédiatement en sens inverse, convaincue de me ramener sur le bon itinéraire !

Chaque jour, c'est elle qui m'apprivoise un peu plus, et toujours avec bonne humeur. À l'aube, son braiment chantant retentit sans faute, pas besoin de réveil... Un café avalé, les sacoches bouclées, je pars la retrouver dans son enclos. Elle accourt, offre des câlins, se laisse étriller, brosser, curer, bâter, puis cherche dans ma poche le morceau de pain sec que je lui réserve sans faute.

Parfois, sur les sentiers ne laissant place qu'à l'une de nous deux, si je tarde à composer ma photo, elle montre son impatience en posant la tête sur mon épaule, comme si elle voulait comprendre l'intérêt de mon cliché, ou elle se frotte amicalement contre moi pour me convaincre d'avancer ou, en désespoir de cause, elle s'empare de ma veste et me tire sur le côté pour continuer sa route. Rien ne l'impressionne, pas même les raidillons pierreux qu'elle gravit avec une élégance qui défie sa stature et les bagages qu'elle porte. Un coup d'œil et elle repère le chemin le plus stratégique, s'offre même, ici et là, un saut guilleret si les pierres lui semblent un peu hautes. Grâce à elle, je marche les mains dans les poches, en toute liberté...

Voyage dans les Cévennes devient Flânerie dans les Cévennes. Si le pas de Craquotte, serein, invite à musarder sur les plateaux envahis de genêts, à paresser à l'ombre des pinèdes, ce n'est pas le seul responsable de ce rythme de vacances ! Consciente de son charme, elle attend les autres randonneurs. Pas une rencontre qui ne s'accompagne de mots doux, d'une caresse, d'un selfie, de questions. À chacun j'explique que l'herbe de printemps, particulièrement riche, suffit à son alimentation, qu'elle sait, de son museau, trouver les châtaignes cachées sous les feuilles mortes et peut croquer une bogue entière sans que les piquants la dérangent. Ces instants de bonheur, qu'elle distribue à loisir, contribuent à former une famille autour d'elle, voire au-delà. Car si nous avançons doucement, les nouvelles, elles, vont vite et circulent chaque soir entre marcheurs, une fois au gîte, lors du dîner commun. Ce n'est plus Craquotte mais LA Craquotte, la mascotte du chemin.

Craquotte impose de vivre, comme elle, dans le présent, sans se soucier du reste, certaine qu'elle finira par arriver à sa destination.
Craquotte

Florac

« Quel courage de voyager seule avec un âne ! » me dit-on parfois, en référence au bât, aux sangles, aux sacoches à soulever. Certes, mais c'est compter sans la générosité des marcheurs ! Au mont Lozère, quand Craquotte a décidé de se rouler dans la poussière avec tout son chargement sur le dos, ce sont deux vététistes témoins de la scène, Michaël et Benjamin, qui m'ont aidée à tout remettre d'aplomb. Et le lendemain, dans la descente vers Le Pont-de-Montvert, alors que nous sommes confrontées à un passage à gué gonflé par les pluies, des randonneurs nous attendent et encouragent Craquotte à traverser : « Viens, Craquotte ! Allez, Craquotte ! Tu peux le faire, Craquotte ! » Un peu surprise, elle les observe, traverse d'un trait et est accueillie par des cris de joie, des gâteries, des accolades. Une véritable haie d'honneur. Je lis de la fierté dans son regard, et moi-même ne suis pas peu fière de son exploit. Son nouveau fan-club aussi.

C'est le secret du chemin de Stevenson, il regorge d'humanité...

Entre Florac et Cassagnas, Craquotte abandonne sa lenteur habituelle et frôle les 5 km/h ! J'ai du mal à la suivre ! Ni la féerie des sous-bois, ni les milliers de fleurs sauvages bordant l'ancienne voie ferroviaire, ni même l'éclat du cours d'eau turquoise qu'elle surplombe ne l'intéressent. C'est à grand-peine que je réussis à lui imposer une pause à l'ombre au déjeuner. À l'arrivée au camping de Cassagnas, soudain je comprends sa précipitation : elle y a ses habitudes et retrouve toujours des copains dans l'enclos ! À peine la barrière atteinte, un gentlem-âne cendré accourt à sa rencontre. Tous deux ouvrent et ferment grand la mâchoire, silencieusement... Est-ce que ça veut dire « je t'aime » en âne ? Une fois la conquête garantie, voilà qu'il l'ignore. Plus elle le suit, plus il la dédaigne. Soudain, je comprends mieux l'expression « faire tourner quelqu'un en bourrique » ! Craquotte, enfin, se retourne, le portail vient de s'ouvrir. De jeunes parents dynamiques, accompagnés d'un petit de trois ans et d'un bébé de six mois, laissent entrer Bambou, une ânesse aux fines oreilles duveteuses. Intriguées, les deux ânesses s'approchent l'une de l'autre, s'adressent, jurerait-on, de petits hochements de tête entendus. Les voilà inséparables. Le mâle, relégué dans un coin en un tour de sabot, se retrouve tout dépité d'être privé de harem. Quelle revanche !

Le lendemain, nous quittons Cassagnas en même temps que cette nouvelle amie, mais on se suit à bonne distance. Voilà que Bambou quitte le chemin de Stevenson, bifurque vers d'autres horizons. Malheur ! Craquotte s'affole, augmente la cadence, moi qui tenais sa longe, aussi. Elle l'aperçoit bien loin, en bas de la pente. Elle court, prend de plus en plus de vitesse. Moi aussi. Elle traverse les ronces. Moi aussi ! Voyant arriver le vol plané, j'attrape un arbre, y enroule le cordage et parviens à stopper son élan. Pas ceux de son cœur ! L'une et l'autre braient à fendre l'âme. Lorsque le silence, enfin, se fait, je dégaine mon arme secrète : une poignée de madeleines écrasées par le poids des sacs, qu'elle fait disparaître en une seconde et qui semblent lui rendre toute sa gaieté. Ouf ! On peut remonter sur les crêtes et ne plus se laisser distraire que par les ondulations des monts presque bleutés à l'horizon...

L'arrivée à Saint-Germain-de-Calberte, village de carte postale aux ruelles suspendues dans le temps, aux jardinets fleuris, se fait sous un soleil glorieux.
Mais le cœur lourd : demain, je dois rendre Craquotte. Je l'installe pour la nuit, la brosse plus longuement que de coutume, puis prends place dans l'herbe à ses côtés. Vite, se reprendre. N'ai-je donc rien appris? L'instant présent, que diable! Je balaie mes états d'âne, enfin, d'âme et achète de belles carottes à l'épicerie du coin, sa récompense à la ligne d'arrivée. La soirée au Figuier des Cévennes, mon auberge, s'avère malgré tout joyeuse. J'y retrouve d'autres compagnons. On rit, on trinque, on s'étonne de tant de chemin parcouru, on s'embrasse en se disant à demain. Ma chambre donne sur la place. Assise sur le rebord de la fenêtre, je tends l'oreille, au-delà de la musique du bistrot et des chants des convives, dans l'espoir peut-être d'un « hi-han » familier... Nous n'avons encore jamais dormi aussi loin l'une de l'autre. Je me raisonne... Elle a de l'herbe, de l'eau, du fourrage, le ciel est étoilé, elle ne manque de rien.

Le lendemain matin, quand le clocher de l'église sonne 8h, mes sacs sont bouclés, la dernière rasade de café bue, la dernière tartine dévorée. Je regarde alors mes mains sans vraiment les reconnaître... Il y a 15 jours, elles étaient manucurées à la perfection, douces et laiteuses. Les voilà tannées par les intempéries, zébrées de griffures, les ongles cassés, le vernis écaillé, méconnaissables... En suivant du doigt les callosités de mes paumes, je reconnais la marque exacte laissée par la longe. À leur façon, elles racontent aussi l'histoire de ce voyage...
Je dois partir, cette dernière étape avec Craquotte, entre Saint-Germain-de-Calberte et Saint-Jean-du-Gard, est longue. Je file la retrouver! Il fait si beau, on annonce jusqu'à 25 °C, la journée va être mémorable!

L'enclos est vide, le portail grand ouvert...
J'appelle Craquotte.
Je la cherche dans les prairies voisines.
Je toque aux portes.
Rien. Disparue.

Désemparée, je retourne au Figuier des Cévennes, m'effondre au comptoir en panique. Ikbolay Bin, le patron, me rassure : « Tu vas la retrouver. On va faire fonctionner Radio Village! » Il glisse un petit mot à tous ceux qui s'arrêtent boire leur expresso matinal, passe des coups de fil à droite à gauche, poste un message sur la page Facebook de la commune... Soudain, il me tape sur l'épaule : « On l'a aperçue à 5 km d'ici. Tu viens? » Les routes, à peine assez larges pour deux véhicules, tournent et tournent encore. À chaque connaissance, Ikbolay Bin demande : « Tu n'as pas vu un âne? » Sur le conseil de chacun, nous tentons une piste, puis une autre, en vain. Descendu de sa Peugeot 205, Bin scrute longuement le sol : « Elle n'est pas passée par ici... Je vois bien des traces de chevreuil, mais pas de marque de sabot ferré », affirme-t-il. L'émission « La Chasse aux trésors » me revient en tête, la course-poursuite, les indices!
Retour à la case départ. Me voyant anéantie, assise à la terrasse de l'auberge, les villageois viennent aux nouvelles, me remontent le moral tant bien que mal. Les ânes aiment la compagnie, elle va forcément se rapprocher d'une ferme. Mon sauveur réapparaît, radieux, me tend une demi-baguette. « Quelqu'un l'a vue dans une grange. On y retourne! » Miracle, elle est là... Elle ne semble pas surprise de me voir. Je l'enlace avec effusion, pleurant de joie dans sa crinière. Nous rentrons à pied à Saint-Germain-de-Calberte, nous arrêtant ici et là pour remercier chacun. Quelle aventure! Quel village extraordinaire! Quel retour triomphant!

Marie-Ange, sa propriétaire, m'envoie quelques lignes : «Je pense que si elle s'est enfuie de son parc, c'est sans doute pour ne pas vivre la séparation... Elle est si fine!» Les cloches de l'église sonnent midi. Je cajole encore un peu Craquotte, sans oser la regarder dans les yeux. Il nous reste 12 km à parcourir ensemble. Cette fois, je suis celle qui ralentit l'allure, prenant tous les prétextes – un étal de fortune proposant des jus de fruits bio, un parterre de trèfles roses, le méandre d'une rivière serti de galets – pour retarder l'inévitable séparation. Le plus souvent, je marche au plus près d'elle, le bras autour de son cou, tentant de fixer à jamais dans mes souvenirs la douceur et la tiédeur de son pelage. Mais j'ai beau essayer de retenir le temps, voici la pancarte d'entrée de Saint-Étienne-Vallée-Française. Implacable. Au moment où je considère l'option d'opérer un demi-tour, Marie-Ange nous aperçoit et appelle de sa voix chantante. Trop tard.

Elle me demande avec un sourire : «Alors? J'avais bien choisi?» Craquotte, douce, câline, s'est avérée bien plus qu'une coéquipière : une compagne, une amie, même, dont il semble impossible de me séparer. J'ai le cœur en miettes... Installées en bordure d'un café, nous bavardons. Pendant ce temps, ravie de se trouver en bonne compagnie, la coquine se roule dans la poussière, croque les pissenlits à pleines dents. Allez. La remorque attend. Je l'étrille une dernière fois, je respire son odeur, puis la porte se ferme. Dans son infinie gentillesse, Marie-Ange propose de m'avancer de quelques kilomètres vers Saint-Jean-du-Gard. Au col de Saint-Pierre, où je descends, Marie-Ange a ces derniers mots :

« Les ânes n'oublient jamais une rencontre, dans cinq, dix ou quinze ans même, elle te reconnaîtra à coup sûr ! »

Avant que le véhicule ne disparaisse à l'horizon, je lance un «hi-han» en me demandant si elle m'entend.

J'accueille les chemins de draille, les montées et descentes bien raides menant à Saint-Jean-du-Gard avec plaisir : je compte sur l'effort pour me distraire de mon chagrin. Mais, habituée à parler à Craquotte, me voilà bien désemparée par ce silence nouveau. Je ne suis pas la seule à qui elle laisse un vide démesuré. Le lendemain, croisant des amis randonneurs sur les crêtes magnifiques qui rejoignent Alès, dernière étape du voyage, les conversations reviennent naturellement vers cette ânesse extraordinaire... N'a-t-elle pas eu chaud, la veille, lorsque les températures ont frôlé les 30 °C? Ai-je des nouvelles d'elle depuis la séparation? A-t-elle quelque temps de repos avant de refaire le Stevenson, dans un sens ou dans l'autre?

La nature à grand spectacle qui nous entoure, ces myriades de monts aux courbes douces qui évoquent plus des vagues que des massifs montagneux n'effacent pas son absence. Je repense alors aux itinérances passées, en Angleterre, en Espagne, en Slovénie. Seule, j'avais eu le temps de rembobiner les souvenirs, revisiter les émotions passées pour les comprendre, les résoudre parfois. Auprès de Craquotte, aucune préoccupation personnelle ne m'a même effleurée. Il m'importait seulement d'entendre le bruit rassurant de ses sabots, de trouver les fleurs, les bourgeons qu'elle aimait grignoter, de vérifier que les sacs n'avaient pas glissé, de la savoir heureuse, bercée par les conversations... Il m'apparaît soudain que les rôles s'étaient inversés en cours de route. N'était-ce pas elle, à sa façon, qui prenait soin de moi, me rappelant à l'essentiel, veillant à ce que je reste sur le bon chemin? Pas étonnant que Louis, se séparant de Modestine pour reprendre sa liberté, pensait-il, n'ait pas hésité, une fois seul avec un cocher de diligence, «à céder à [son] émotion». La vraie boussole de ce voyage, c'était elle...

✕✕✕ Coralie Grassin

Ânes à l'enclos sur le chemin de Stevenson

Infos pratiques

Chemin de Stevenson ou GR®70 ?

- Le chemin de Stevenson (228,6 km) suit le parcours emprunté par Robert Louis Stevenson entre Le Monastier-sur-Gazeille et Saint-Jean-du Gard. Le GR®70 (272 km) lui ajoute deux étapes, du Puy-en-Velay au Monastier-sur-Gazeille et de Saint-Jean-du-Gard à Alès, que l'écrivain écossais a parcourues… en calèche !

Saison

- De mi-avril à octobre. Gardez en tête qu'il peut neiger aux mois d'avril et de mai dans la région du mont Lozère.

Se renseigner avant de partir

- L'association Sur le Chemin de R.L. Stevenson regroupe toutes les informations pratiques nécessaires à l'organisation de votre itinérance : cartes et distances entre villes et villages pour mieux décider de vos étapes, hébergement, restauration, location d'ânes, transport de bagages et de personnes… L'appli Chemin de Stevenson GR®70 donne tous les renseignements pratiques, des informations sur les villages, l'histoire, le patrimoine et la faune, ainsi que les points de ravitaillement en eau, ce qui est bien pratique ! La page Facebook du GR®70 Le chemin de Stevenson aussi propose de nombreux conseils et adresses coup de cœur

chemin-stevenson.org

Transports de bagages

- La Malle Postale, Transport Stevenson et Transbagages proposent de prendre en charge vos bagages d'une étape à l'autre. Ces opérateurs proposent en parallèle des navettes, bien pratiques pour rallier les villages non desservis par le bus, et même un service de transfert de véhicules, si vous souhaitez venir avec votre propre véhicule.

lamallepostale.com • transbagages.com • stevenson-transport.com

Hébergement

- Vous trouverez gîtes, chambres d'hôtes, hôtels et campings tout au long de l'itinéraire. Les structures étant le plus souvent de petite taille, réservez tôt et vérifiez toujours les options de paiement, car toutes n'acceptent pas les cartes bancaires.

Bivouac

- Le bivouac est autorisé le temps d'une nuit, à condition de planter sa tente après 19 h et de la remballer avant 9 h le lendemain matin. Dans le parc national des Cévennes, il faudra en plus s'installer à 50 m maximum de l'itinéraire balisé. Les feux de camp sont formellement interdits, mais l'utilisation d'un réchaud à gaz est autorisée.

Avec un âne

- Pas moins de 7 loueurs d'ânes sont installés à proximité du chemin. Chaque ânier a des conditions différentes quant à la distance maximale par jour, le poids des sacoches et même les étapes. Il s'agit de respecter le bien-être de l'animal et de s'assurer du bon déroulé de l'aventure. Vous n'aurez aucun mal à trouver un logement proposant un pré ou un enclos, de l'eau et généralement un peu de fourrage à votre compagnon le long du chemin. Prévenez-les tout de même : certains accueillent aussi des chevaux qui ne s'entendent pas avec les ânes. On vous refusera alors l'accès.

Cathédrale Notre-Dame, Le Puy-en-Velay

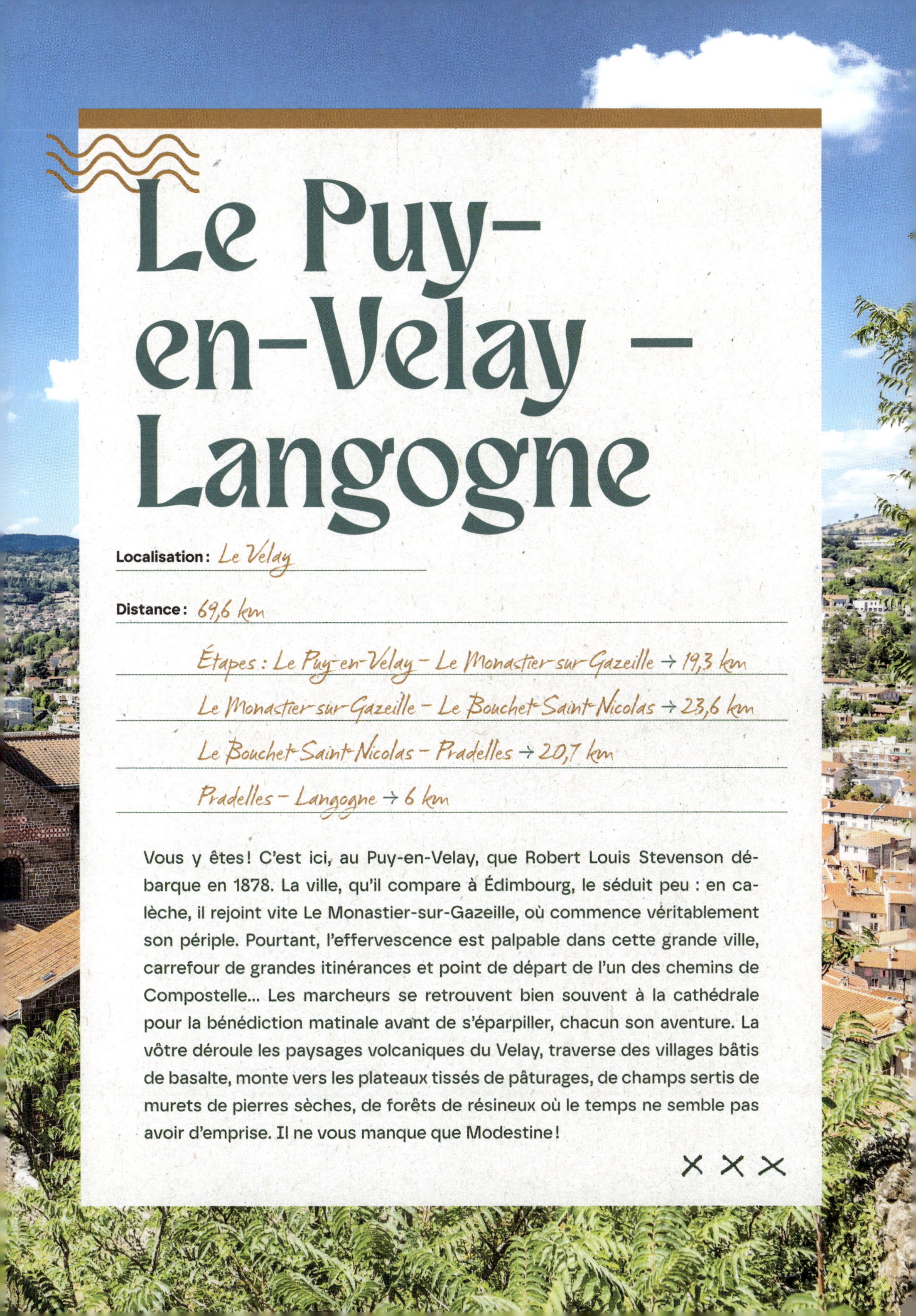

Le Puy-en-Velay – Langogne

Localisation : *Le Velay*

Distance : *69,6 km*

Étapes : Le Puy-en-Velay – Le Monastier-sur-Gazeille → 19,3 km

Le Monastier-sur-Gazeille – Le Bouchet-Saint-Nicolas → 23,6 km

Le Bouchet-Saint-Nicolas – Pradelles → 20,7 km

Pradelles – Langogne → 6 km

Vous y êtes ! C'est ici, au Puy-en-Velay, que Robert Louis Stevenson débarque en 1878. La ville, qu'il compare à Édimbourg, le séduit peu : en calèche, il rejoint vite Le Monastier-sur-Gazeille, où commence véritablement son périple. Pourtant, l'effervescence est palpable dans cette grande ville, carrefour de grandes itinérances et point de départ de l'un des chemins de Compostelle… Les marcheurs se retrouvent bien souvent à la cathédrale pour la bénédiction matinale avant de s'éparpiller, chacun son aventure. La vôtre déroule les paysages volcaniques du Velay, traverse des villages bâtis de basalte, monte vers les plateaux tissés de pâturages, de champs sertis de murets de pierres sèches, de forêts de résineux où le temps ne semble pas avoir d'emprise. Il ne vous manque que Modestine !

X X X

Si, comme l'écrivain-marcheur, vous souhaitez rejoindre Le Monastier-sur-Gazeille directement, il faudra viser juste : seul le bus H46 assure la liaison, mais une fois par jour uniquement et surtout en période scolaire. Alors, autant marcher et se plonger tout de suite dans ces décors verdoyants ! Au-delà, gîtes et hôtels en demi-pension ne manquent pas jusqu'à Langogne, la plupart proposent même des paniers-repas pour déjeuner dans l'herbe le lendemain midi (à réserver). Si vous avez choisi l'option camping ou bivouac, inutile d'emporter des provisions pour plusieurs jours : les villages-étapes (Le Monastier, Le Bouchet, Landos, Pradelles) disposent tous de boutiques où se ravitailler. Mention spéciale pour l'Épicerie du Coin (Le Bourg, Le Bouchet-Saint-Nicolas, tél. 04 71 02 90 71) qui chouchoute vraiment les voyageurs.

Terre de volcans

La campagne du Velay en est parsemée. Érodés par la fonte des glaciers à l'ère quaternaire, ils offrent un véritable spectacle de curiosités géologiques… Au Puy-en-Velay, deux pitons rocheux, en fait d'anciennes cheminées volcaniques, se dressent fièrement au cœur de la ville. Il n'en fallait pas plus pour enflammer l'imagination ! En 961, un sanctuaire dédié à l'archange saint Michel fut bâti au sommet du rocher d'Aiguilhe. Les pèlerins s'y pressent toujours. Sur le rocher Corneille, la monumentale statue de Notre-Dame de France, coulée avec des canons pris par Napoléon à Sébastopol, veille sur la ville depuis 1860. Montez-y, sa structure creuse cache un escalier menant jusqu'à la couronne d'étoiles : on peut y admirer toute la région ! Ailleurs, ce sont les sucs, d'étranges dômes endormis, qui adoucissent le paysage. Et même des lacs de cratères, comme celui du Bouchet, large de 800 m, sur lequel vous pourrez faire… du pédalo.

lepuyenvelay-tourisme.fr

La célèbre lentille verte du Puy en conserve

Du caviar du pauvre à l'or vert

Véritable fleuron de la gastronomie locale, la lentille verte du Puy serait cultivée dans la région depuis la période gallo-romaine. Sur les hauts plateaux au sol volcanique, où les champs semblent parfois s'étendre à l'infini, vous saisirez pleinement l'ampleur de cette économie forte de 600 producteurs. Fine en saveurs, moins farineuse que ses consœurs, elle est bien sûr protégée par une AOP et se retrouve sur toutes les tables. Les gîtes qui proposent une demi-pension rivalisent de créativité pour l'accommoder : vous la goûterez accompagnée de saucisses, déclinée en soupe, en terrine, en *dips*. Régal assuré.

Histoires (sur) naturelles

Passionné par les conversations au coin de l'âtre, Patrice Rey passa bien des heures à recueillir, auprès des anciens, contes, légendes et superstitions du Velay. Désireux de les transmettre à son tour, il a créé, au rez-de-chaussée du château du Monastier, le musée des Croyances populaires où de délicieux tableaux, minutieusement peints à la main et pleins d'humour, content les légendes de la région. Vous ressortirez incollable sur le drac, ce facétieux lutin aquatique, sur le pouvoir des moulins à sel de protéger de la sorcellerie, sur l'origine des remèdes de campagne, notamment celui qui consiste à croquer… une coccinelle à sept points pour calmer une rage de dents !

Musée des Croyances populaires – Le Château, Le Monastier-sur-Gazeille.
museedescroyancespopulaires.com

La dentelle du Puy

Selon la légende, on doit à Isabelle Mamour, une jeune brodeuse chargée d'orner le manteau de la statue de la Vierge pour le jubilé de 1407, la création de cette dentelle fine et aérienne… En réalité, il est plus probable que des colporteurs du Moyen Âge aient apporté des échantillons d'Italie et ainsi inspiré des générations d'ouvrières. Ces dentellières, Stevenson les rencontre au Monastier : à l'époque, la moitié de la région vit de ce savoir-faire ! En vous promenant dans le vieux Puy, vous verrez encore de belles créations dans les vitrines des échoppes… mais souvent faites à la machine. Poussez plutôt les portes de l'Atelier-conservatoire national de la dentelle du Puy-en-Velay. En semaine (à 10 h 30, 14 h 30 et 15 h 30), les petites mains continuent d'entrelacer les fils de soie pour faire naître d'admirables voilages, rubans et créations, souvent destinés à la haute couture.

32, rue du 86e RI, Le Puy-en-Velay.
mobiliernational.culture.gouv.fr

Les sucs du pays du Velay

Arrivée à Pradelles

Au milieu coule une rivière

La descente vers Goudet, abrupte et rocailleuse, met les chevilles à rude épreuve. C'est vite oublié tant la vue sur le village en contrebas émerveille : forêts de sapins barrant l'horizon, demeures blotties auprès d'un petit tertre rocheux du nom de Pipet, château en ruine perché sur sa colline... Au paysage s'ajoutent les méandres de la Loire qui, prenant sa source un peu plus à l'est, n'est encore qu'une rivière sauvage au charme fou. Après le pont, descendez donc marcher le long de ses berges, en amont ou en aval, vous trouverez vite de belles plages de sable fin. Pour rejoindre Goudet depuis Le Puy-en-Velay, sachez que vous pouvez aussi suivre le GR®3, qui traverse les gorges sauvages des bords de Loire...

Confidenti(elle)

Bâtie au carrefour d'anciens chemins muletiers, l'ancienne cité fortifiée de Pradelles déroule des merveilles de ruelles médiévales, parées de fontaines, d'élégantes arcades, de petites places pavées de galets et d'anciens remparts où s'épanouissent des tombées de fleurs. Ayant atteint la cité après avoir descendu la colline, les marcheurs sont bien surpris de découvrir, au jardin du calvaire, qu'ils ne sont là qu'à un balcon surplombant l'Allier ! Si vous arrivez assez tôt dans la journée, offrez-vous une autre aventure : l'ancienne voie ferrée de la Transcévenole a laissé la place à des parcours en vélorail, dont l'un emprunte les anciens viaducs.

Vélorail de Pradelles – Les Plots, Pradelles.
velorail43.com

Goudet, dominé par le château de Beaufort

Envolée botanique

Pas un bistrot du Velay qui ne propose une collection de liqueurs de verveine… Élaborée en 1859 par l'apothicaire Joseph Rumillet-Charretier, la recette marie une trentaine de plantes additionnées de noix de muscade, de baies de genièvre, de sucre et de miel. Prenant le relais, son cousin, Victor Pagès, donne alors son nom à l'élixir. Si c'est aujourd'hui la marque la plus vendue, ce digestif, servi glacé, frôle tout de même les 55° d'alcool ! Les versions artisanales, moins fortes, conviennent tout aussi bien à la célébration d'une fin d'étape. À défaut, optez pour les sages bonbons ou les chocolats fourrés, c'est l'idéal pour se requinquer en cours de route.

L'auberge de la Mère Cadenette

Qui était donc cette brave femme ? La sœur du propriétaire, qui allait de ferme en ferme vendre de petites nattes tressées, les cadenettes. Et l'auberge et elle en tirèrent leur surnom. Stevenson, qui s'arrêta déjeuner là, la rencontra probablement… Les randonneurs d'aujourd'hui craquent sur le décor intemporel de l'auberge. Ils choisissent d'y passer la nuit dans un dortoir rigolo aux lits entourés de rideaux colorés ou en chambre double.

5, av. du Puy, Pradelles. *cadenette.net*
Avr.-oct. Demi-pension et paniers-repas.

Y aller : *en train*

Gare SNCF au Puy-en-Velay
et à Langogne

Se déplacer : *en bus*

mobilite.lepuyenvelay.fr

Informations touristiques :

lepuyenvelay-tourisme.fr

Langogne – La Bastide-Puylaurent

Localisation : *Le Gévaudan*

Distance : *38 km*

Étapes : Langogne – Cheylard-l'Évêque → 11,2 km

Cheylard-l'Évêque – Luc → 11,5 km

Luc – Abbaye Notre-Dame-des-Neiges → 12,3 km

Abbaye Notre-Dame-des-Neiges – La Bastide-Puylaurent → 3 km

Vous entrez ici en terre de Gévaudan, entaillée de vallées secrètes et piquée de denses forêts émaillées de granit, où l'on vient, à l'automne, cueillir des cèpes. Peu peuplée lors du passage de Stevenson, cette région ne l'est guère plus aujourd'hui : 19 habitants au kilomètre carré… et deux fois plus de moutons ! Comme bande-son, vous n'aurez là que le murmure des ruisseaux, le chant des cascades et la symphonie des oiseaux. Dans ces décors à la beauté farouche, corps de ferme, hameaux et villages apparaissent comme par magie. Des mondes plus loin, écrivait avec justesse Stevenson…

XXX

Le ruisseau de Malzac à Cassagnas

Vous pourriez, bien sûr, pousser la première étape jusqu'à Luc. Flânez plutôt longuement dans les rues séculaires du vieux Langogne, posez votre sac sur la mousse moelleuse qui tapisse la forêt de Mercoire, posez la main sur les blocs de roche monumentaux chauffés par le soleil... Il serait dommage, d'autre part, de ne pas dormir au Cheylard-l'Évêque, véritable village de carte postale. Vous pourriez d'ailleurs pousser l'enchantement jusqu'à passer votre seconde nuit à l'aire naturelle Les Galets, au bord de l'Allier. Les services de transport de bagages permettent en effet de passer à l'envi du gîte au camping, sans que les épaules souffrent du poids du sac. Côté ravitaillement, vous trouverez à proximité épicerie et laiterie où goûter au fromage local, mais plus rien jusqu'à l'abbaye Notre-Dame-des-Neiges. Si l'hébergement monastique est complet, filez directement à La Bastide-Puylaurent, posez votre sac et montez les mains dans les poches vous imprégner de la sérénité des lieux.

Le fil de l'histoire

Pour découvrir le passé lainier du Gévaudan, il suffit, à Langogne, de se promener rue des Calquières. La plus ancienne filature de France se dresse encore là ! En 1828, Pierre-Emmanuel Hippolyte Boyer eut l'idée d'utiliser le courant de la rivière Langouyrou pour alimenter d'imposantes machines industrielles. Simplifiant grandement les étapes de la transformation de la matière brute en tissu d'un mètre de large ou en écheveaux prêts à être tricotés, la filature permit à la ville d'exporter en quantité. Et ce jusqu'à Saint-Pétersbourg... À sa fermeture, en 1995, la ville rachète la bâtisse et la transforme en musée vivant. D'une pièce à l'autre, rouages et courroies centenaires, classés à l'inventaire des monuments historiques, continuent donc de tourner et de tisser une laine d'exception.

La Filature des Calquières – 23, rue des Calquières, Langogne. Tél. 04 66 69 25 56, *musee-lozere.com* Entrée payante.

Vive les petits producteurs

Dix-neuf fermiers, agriculteurs et artisans se sont associés pour ouvrir à Langogne une boutique de produits du terroir. Chacun vient à tour de rôle tenir le comptoir, partager passion et savoir-faire... ou simplement vous guider dans les rayons qui regorgent de pâtés de terroir, biscuits à la châtaigne, confitures, nectars de fruits, baumes apaisants au millepertuis ou à la pâquette, et même de chaussettes rigolotes d'une coopérative de laine paysanne.

Au P'tit Marché – 2, rue des Ribes, Langogne. Tél. 09 67 68 02 76, *facebook.com/auptitmarche48*

Sur le chemin, vers Langogne

Loup, y es-tu ?

En juin 1764, une vachère de Langogne rapporte avoir été férocement attaquée par une bête dans la forêt de Mercoire. À l'époque, le royaume compte environ 20000 loups, mais il est rare que ceux-ci s'attaquent aux villageois... Un corps d'enfant est retrouvé mutilé, puis d'autres victimes, malgré les battues. Les gazettes s'emparent de l'affaire, font circuler des illustrations à sensation : mi-homme, mi-fauve, gueule et griffes démesurées, regard diabolique... La terreur est telle que Louis XV envoie son lieutenant des chasses sur place. Celui-ci tue bien un animal, mais les attaques reprennent, faisant jusqu'à une centaine de victimes. Enfin, en 1767, un certain Jean Chastel ramène la dépouille d'une créature à la tête hideuse, au manteau rouge, blanc et gris, indéfinissable. Hyène, lion ? Le mystère reste entier et fascinait Stevenson, qui le mentionne dans son ouvrage comme... le Napoléon des loups !

En lisière de la forêt de Mercoire

Refuge du Moure

Si l'on pouvait accorder des étoiles aux gîtes, celui-ci en mériterait 5. Tout est pensé pour le confort des marcheurs : un palier d'accueil où accrocher son vêtement de pluie et troquer ses bottines contre des Crocs, un choix de chambres d'hôtes ou de lits en dortoir, la possibilité de laver son linge, un bar où siroter une bière locale ou acheter un souvenir... L'accueil est hors pair, la cuisinière aussi, et l'on se régale aussi bien au dîner qu'au petit déjeuner en découvrant biscuits en forme de Modestine, pain perdu et cakes maison.

Cheylard-l'Évêque. Tél. 04 66 69 03 21, *lozere-gite.com*

Du haut de ma tour

Au sortir de la forêt de la Gardille, le randonneur rencontre le château de Luc, en surplomb du village. Il veillait autrefois sur le chemin de Régordane, antique voie de commerce qui reliait Le Puy-en-Velay à Saint-Gilles-du-Gard. Les muletiers qui l'empruntaient pour transporter les marchandises dans un sens comme dans l'autre faisaient ici une halte bienvenue. Il ne reste du château, démantelé par Richelieu, que quelques pans de mur et le donjon. Préférant en faire un lieu saint, les habitants le coiffent d'une statue de la Vierge de «cinquante quintaux», comme le note Stevenson lors de son passage, quelques jours avant sa consécration. Il reste ouvert aux visiteurs, gravissez donc l'escalier en spirale pour admirer la vallée de l'Allier qui s'épanouit en contrebas...

L'abbaye Notre-Dame-des-Neiges

Le château de Luc

Abbaye Notre-Dame-des-Neiges

Ayant reçu le don d'un terrain dans le Gévaudan, l'abbaye de Notre-Dame d'Aiguebelle envoie sept moines s'y établir. Ainsi naquit, en 1850, Notre-Dame-des-Neiges. À 1100 m d'altitude, elle est l'abbaye la plus haute – et sûrement la plus froide – de France ! Si cette petite communauté a fait vœu de silence, elle le brise très volontiers pour discuter avec Stevenson. C'est bien le seul lieu où il s'attarde, dédiant tout un chapitre aux conversations échangées ! En 2022, ce sont des sœurs cisterciennes qui reprennent les lieux, dans une joie et un dynamisme épatants. Elles regorgent d'idées, lancent une gamme de produits d'entretien à base de plantes vendus dans la petite boutique, souhaitent installer des panneaux solaires, postent des vidéos amusantes sur leur page Facebook... Vous aurez forcément envie de les rencontrer et d'y passer la nuit ! C'est possible, en toute simplicité et en partageant les tâches communes : chacun aide à débarrasser la table et à faire la vaisselle après les repas. Une autre façon de voyager...

Saint-Laurent-les-Bains. Tél. 04 66 46 59 00, *notredamedesneiges.com* Réservation d'un séjour : *marcheurs@ndneiges.org*
Demi-pension de fin avril à fin sept. en donativo (apporter drap ou sac de couchage).
Possibilité d'assister aux offices.

Y aller : *en train*

Gare SNCF à Langogne
et à La Bastide-Puylaurent.

Y aller : *en bus*

La ligne 282, au départ du Puy-en-Velay, dessert Langogne, Luc et La Bastide-Puylaurent.

Restauration

Au Coin de Luc – Route de Langogne, Luc. Tél. 07 86 12 69 82. Épicerie.

Laiterie Rissoan – Route de Nîmes, Luc. *laiterie-rissoan.fr* Tlj. 8 h-18 h. Tommes de Lozère au lait de vache ou de brebis, fourmette de Luc, fromages à pâte persillée (bleu de Luc, bleu de Rissoan)...

Hébergement

Aire naturelle Les Galets – Luc.
Tél. 04 66 46 60 07 (Mairie). Mai-sept.

Informations touristiques :

lozere-tourisme.com
ot-langogne.com
bastide-puylaurent.fr

Le Bleymard – Le Pont-de-Montvert

Localisation : *Le mont Lozère*

Distance : *19,3 km*

Étapes : Le Bleymard – Station du Mont Lozère → 5,2 km

Station du Mont Lozère – Finiels → 8,8 km

Finiels – Le Pont-de-Montvrert → 5,3 km

Ici commence, avec émotion, la traversée du massif du mont Lozère. Aux forêts succèdent les bruyères, étoilées de myrtilles sauvages à la fin de l'été. Le sentier, bordé de pierres dressées appelées « montjoies », s'enrubanne parfois de brume, évoquant alors un paysage des Highlands. Une fois au sommet de Finiels, le point culminant du mont Lozère et de toute la région, les mots manquent. Le regard bascule vers les Cévennes, repère à l'horizon l'Aubrac, les Pyrénées, et même le mont Blanc, par temps clair… Puis commence la descente vers Le Pont-de-Montvert, parsemée de genêts, de monumentaux blocs de granit, souvent en équilibre les uns sur les autres. À l'arrivée, vous jurerez avoir traversé plusieurs pays !

Dans les environs du Bleymard

Si la distance séparant Le Bleymard et Le Pont-de-Montvert semble courte… le dénivelé est important : 1500 m ! Dur dur pour les chevilles… Prévoyez donc une bonne réserve d'eau et de quoi grignoter. Malheureusement, pas de nuit à la belle étoile façon Stevenson… Le bivouac est interdit sur les cimes, où le vent ou le brouillard peuvent se lever sans prévenir. Plus bas, en forêt, c'est permis. À défaut, le hameau de Finiels permet de séjourner en gîte ou en camping. Prendre un café, le matin, devant ces paysages hors du temps vaut tous les spectacles du monde. Et, bien reposé, la section jusqu'au Pont-de-Montvert sera plus inoubliable encore ! Au Bleymard, une supérette permet de faire quelques emplettes. Au Relais des Cerfs, à la station du Mont-Lozère, on peut passer la nuit et se requinquer d'une omelette aux cèpes, d'un aligot ou d'une part de tarte aux myrtilles. Une fois au Pont-de-Montvert, on file chez David Pantel, fermier-charcutier tenant la Sout des Cévennes, près du vieux pont, qui vous préparera un excellent sandwich pour célébrer votre arrivée…

Dans la tourmente

Lorsque le mont Lozère disparaissait dans le brouillard, la neige ou la pluie, hameaux et villages faisaient autrefois sonner la cloche de leur « clocher de tourmente » à intervalles réguliers. Se distinguant des cloches des églises par des tintements différents, cette cloche permettait aux voyageurs égarés dans la « tourmente » – une tempête de neige et des vents violents ou du brouillard – de trouver leur chemin. Le randonneur d'aujourd'hui n'a plus à tendre l'oreille : les montjoies le guident jusqu'au sommet. D'autres pierres de granit, plus récentes, elles, s'ornent de dessins stylisés. Grâce à l'appli Vadrouïlle®, chaque pierre gravée permet d'écouter l'une des sept créations sonores documentaires racontant la région chacune à leur façon entre conte, souvenirs d'orage, chuchotements des saisons, symphonie nocturne. Magique…

Montjoie dans la montée au mont Lozère

« Comme le rude Cortez lorsque, de son regard d'aigle, il contemplait le Pacifique, je pris possession en mon nom propre, d'une nouvelle partie du monde » R.L. Stevenson

La tuile chantante

La lauze phonolite est une roche volcanique qui résonne – chante, même, dit-on – lorsqu'on la frappe avec un outil… Les artisans qui la coupent en arrondissent les angles pour faciliter l'écoulement de l'eau, la percent pour l'accrocher avec une cheville de châtaignier sur les charpentes, la font sonner à chaque étape pour en repérer la moindre fragilité. C'est elle qui vient couvrir les toitures de la Lozère et des Cévennes. Imaginez la solidité des charpentes nécessaire pour soutenir un tel poids ! Seules quatre carrières subsistent dans la région : pour conserver plus longtemps cet héritage, lors des rénovations, on trie, récupère, nettoie et retaille les tuiles plus anciennes afin de pouvoir les réutiliser. Vive la récup' !

Estivage

Les sentiers qui sillonnent le mont Lozère sont bien souvent des chemins de draille, créés par les moutons filant vers l'herbe riche des estives. Les traditions de transhumance restent si bien ancrées dans la région que le passage des brebis, à la fin du mois de juin, donne lieu à une grande fête à la station de ski du Mont-Lozère, pile sur le chemin de Stevenson. Le spectacle vaut le coup : elles sont souvent plus de 2000 à défiler, sonnailles au cou, pompons multicolores sur le dos ou sur la tête ! Au programme des festivités : rando au lever du soleil, marché paysan, bénédiction du troupeau, extraction de miel, danses folkloriques… Si vous passez plus tard dans la saison, vous retrouverez le troupeau dans les hauteurs, en compagnie des chèvres prenant aussi là leurs quartiers d'été.

Station de ski du Mont-Lozère
– *lemontlozere.com*
Location de VTT électriques en été, randonnées.

Transhumance – page Facebook de la transhumance : Transhumance du mont Lozère.

Dans le village du Pont-de-Montvert

Au camping de la Barette

Les gros blocs de granit érodés du mont Lozère qui parsèment les vallées vous fascinent? Au camping de la Barette, à Finiels, vous pourrez planter votre tente contre ces sentinelles millénaires. Les parties communes offrent un peu de confort et permettent de cuisiner. Apportez vos provisions, vous ne trouverez là ni épicerie ni restaurant. Romero Guillaume, à deux pas dans le bourg, vend toutefois tommes du pays, lait et yaourts de la ferme.

Camping de La Barette – Finiels. Mai-sept. Tél. 07 62 31 48 00, *campingfiniels@gmail.com* • Romero Guillaume – Finiels. Tél. 04 66 49 15 24.

La guerre des camisards

La révocation de l'édit de Nantes, en 1685, voit le culte protestant interdit en France. À la conversion ou à l'exil, les Cévenols préfèrent la clandestinité. L'assassinat de l'abbé du Chayla (chargé de traquer les huguenots) au Pont-de-Montvert, le 24 juillet 1702, fait basculer la région dans une guerre de religion… Au bout de deux ans, rien n'est résolu : les troupes royales ont l'avantage du nombre, les camisards, des paysans et des artisans se battant en chemise, celui de la connaissance du terrain. Des centaines de villages sont brûlés. Les prisonniers d'un bord comme de l'autre mis au supplice. En 1704, Jean Cavalier, chef des prophètes camisards, obtient bien une trêve, l'autorisation de quitter la France et la libération des prisonniers, mais le roi n'accorde aucune garantie sur la liberté de culte… Il faudra attendre l'édit de tolérance, signé en 1787 par Louis XVI, pour que les protestants français bénéficient de l'état civil sans devoir se convertir au catholicisme. Une histoire qui passionnait le presbytérien Robert Louis Stevenson et qui motiva sa traversée du pays des camisards.

Y aller *en navette*

Au cœur de l'été (juil.-août), la navette estivale Lio 253 dessert Le Bleymard au départ de la gare de Mende, tandis que la Lio 261 relie Le Pont-de-Montvert à Florac. La Lio 251, qui circule toute l'année, dessert les gares de Mende et d'Alès. En dehors de la période estivale, mieux vaut demander aux transporteurs locaux de vous donner un coup de main ! *lio-occitanie.fr*

Restauration

La Sout des Cévennes – Le Quai, Le Pont-de-Montvert. Tél. 06 75 74 62 35. Boutique d'un producteur fermier : charcuterie, fromages, conserves, miels, confitures.

Hébergement

Le Relais des Cerfs – Station du Mont-Lozère. Tél. 04 66 48 35 21, *montlo-cerfs.fr* Chambres, gîte et bar-restaurant.

Informations touristiques

destination-montlozere.fr
cevennes-montlozere.com

Le Tarn aux environs de Florac

Le Pont-de-Montvert – Cassagnas

Localisation : *Le mont Lozère et les Cévennes*

Distance : *47,1 km*

Étapes : Le Pont-de-Montvert – Signal du Bougès → 9 km

Signal du Bougès – Bédouès → 15 km

Bédouès – Florac → 5,7 km

Florac – Cassagnas → 17,4 km

Du Pont-de-Monvert commence la sublime montée, par une ancienne draille sertie de genêts, vers les plateaux granitiques de l'Hermet, puis celle, plus rude, du Bougès (1421 m). Les crêtes, joliment boisées, ouvrent de merveilleuses fenêtres sur les reliefs cévenols, puis le sentier glisse vers les vallées jusqu'à Bédouès, où s'étirent les méandres du Tarn. Il suffit de les suivre pour rejoindre Florac, qui n'a rien perdu de son charme depuis les louanges chantées par Stevenson... Encore une enfilade de collines, puis, à partir de Saint-Julien-d'Arpaon, vous n'aurez que du plat. Là, l'itinéraire épouse le tracé d'une ancienne voie ferrée surplombant les eaux cristallines de la Mimente, enserrée dans une vallée sauvage. L'arrivée se fait presque à regret...

× × ×

Les premiers points d'eau et de restauration sont à Bédouès, il vaut donc mieux marcher avec quelques réserves. D'autant plus que ça grimpe fortement jusqu'au signal de Bougès ! Les amateurs de bivouac et de pique-niques avec vue prévoiront de poser leur sac un peu plus loin sur les crêtes, à la cabane de Bonnal. Le panorama sur les collines des environs y est des plus magiques. Si vous préférez marcher un peu plus loin, Bédouès et Florac ont des hôtels, des gîtes et des campings avec tipis, chalets et accès à de petites plages au bord du cours d'eau. Autant se laisser du temps pour flâner longuement à Florac. Son vieux quartier a de petites échoppes pittoresques, de jolies placettes où prendre un verre à l'ombre des platanes, un marché réputé de producteurs et d'artisans. Et même des nocturnes, l'été !

Le roi des Cévennes

S'épanouissant pleinement entre 300 et 800 m d'altitude, le châtaignier – arbre nourricier par excellence – couvre encore aujourd'hui 40 000 ha du parc national des Cévennes. L'air de rien, il en a discrètement façonné le paysage... Pour faciliter la récolte de ses fruits sur les fortes pentes, des terrasses et des murets ont été construits ainsi que des clèdes, ces séchoirs à châtaignes bâtis en pierre sèche dont les vestiges jalonnent encore les forêts. Les châtaignes une fois grillées ou réduites en farine, on laissait le bétail fourrager sous les arbres pour trouver les quelques fruits non récoltés. Au XIXe siècle, la maladie de l'encre décima une grande partie des plantations : les troncs abattus alimentaient les usines à tanin, tandis que la pomme de terre remplaçait peu à peu la châtaigne dans l'assiette. Aujourd'hui reconnue en Appellation d'origine contrôlée, on la retrouve en bonne place sur les rayons des épiceries, utilisée en pâtés artisanaux, dans le brassage de la bière, en liqueur, dans des biscuits ou du moelleux au chocolat. Vous aurez envie de tout goûter !

Monts et merveilles

Arrivé à la cham de l'Hermet, nom cévenol désignant un plateau, le souffle manque un peu. Il faut dire que cette ascension de 2 km depuis Le Pont-de-Montvert flirte avec les 200 m de dénivelé ! S'il reste une bonne distance à couvrir dans la journée, offrez-vous tout de même un tour d'horizon : au nord se dessine la silhouette dentelée du mont Lozère ; au sud, les ondulations des Cévennes ; à l'est, deux drôles de mamelons tapissés d'herbe, les Puechs des Bondons, nés, dit-on, de la terre que le géant Gargantua aurait secouée de son sabot...

Forêt de châtaigniers, parc national des Cévennes

Ruches-troncs cévenols

Le châtaignier, arbre nourricier par excellence.

Le pays de l'abeille noire

Dans les campagnes, vous verrez peut-être de drôles de troncs évidés et coiffés d'une lauze : ce sont des *bruscs*, les ruchers cévenols. Le miel abonde dans cette région encore sauvage, changeant de saveur et de parfum selon la floraison des vallées, des landes, des massifs de schiste. Au printemps, la bruyère blanche domine; en été, les fleurs de châtaignier, de framboisier et de ronces prennent le dessus; à l'automne, les callunes et le sapin. D'une saison à l'autre, le nectar or prend la couleur de l'ambre... Pourtant, l'abeille noire des Cévennes, qui avait vaillamment résisté aux glaciations, aux maladies, à l'arrivée d'autres espèces, commence à succomber aux pesticides... Les apiculteurs se retroussent les manches pour la protéger, allant jusqu'à créer, près du Pont-de-Montvert, une vallée-sanctuaire de 20 ha. Là, au milieu de vergers et de prairies sauvages sans produits chimiques, les colonies recommencent à s'épanouir.

À l'assaut du Bougès

Ce massif des Cévennes offre aux randonneurs des décors toujours changeants. Il faut d'abord rejoindre le plateau de l'Hermet, constellé de genêts, puis se laisser envelopper par une épaisse sapinière. Le sentier grimpe doucement jusqu'aux cairns des Trois Fayards. C'est d'ici, le 24 juillet 1702, qu'un groupe de protestants cévenols s'élance vers Le Pont-de-Montvert pour demander la libération de leurs compagnons à l'abbé du Chayla… L'archiprêtre des Cévennes est tué en tentant de prendre la fuite. L'incident n'est pas prémédité, mais il est vu par l'autorité royale comme une déclaration de guerre… Après les Trois Fayards, la végétation laisse place aux bruyères jusqu'au signal du Bougès (1421 m). Le regard embrasse alors les reliefs des Cévennes lozériennes et gardoises. Puis c'est la magie des crêtes, où s'épanouit une hêtraie féerique dont les racines tapissent un chemin de draille. Un enchantement…

Entre causses et Cévennes

D'un côté, les flancs bordés de forêts des massifs cévenols ; de l'autre, d'imposantes falaises dont les pans abrupts prennent parfois des airs de forteresse ; au milieu, blottie entre eux, la cité de Florac, magique ! Sa rivière, le Tarnon, forme la couture entre les Cévennes et les causses, d'immenses plateaux calcaires, situés entre 800 et 1200 m d'altitude, et principalement consacrés au pastoralisme. Avec leur végétation rase, quasiment dénués d'eau – qui s'infiltre dans les failles –, les causses évoquent les steppes mongoles… Ce riche contraste est aujourd'hui désormais patrimoine mondial de l'Unesco. À défaut d'admirer la ville depuis ces remparts de pierre, faites donc comme Stevenson : allez admirer la source du Pêcher, qui jaillit des éboulis de roche calcaire après avoir traversé les failles du causse Méjean.

Maison du site Unesco Causses et Cévennes – 23 quater, av. Jean-Monestier, Florac. Tél. 04 66 48 31 23. Juil.-sept. : tlj. 9 h-18 h.

Florac

Le château de Saint-Julien-d'Arpaon

Les coulisses de l'histoire

Les forêts cévenoles, comme celles qui bordent Cassagnas, se creusent de grottes naturelles utilisées autrefois par les camisards comme refuges ou caches pour les armes. Pierre Séguier, dit Esprit Séguier, l'un des grands meneurs de la révolte, est originaire du hameau du Magistavols tout proche. Ayez donc une pensée pour les insurgés en longeant la vallée de la Mimente : lors des fortes pluies, les abruptes roches rouge orangé qui la parent déteignent sur la rivière qui, dit-on alors, rougit du sang des camisards...

Pause bucolique

À mi-chemin entre Florac et Cassagnas, le village de Saint-Julien-d'Arpaon invite à se reposer… Au bord de la rivière, par exemple : passé le pont, quelques sentiers mènent jusqu'aux berges de la Mimente. Ou au creux du «vieux château perché à son sommet pour réjouir le cœur du touriste» décrit par Stevenson, et qui offre aujourd'hui des ruines assez poétiques. Ou même à La Cabane (tél. 06 23 21 36 63), joyeuse guinguette estivale servant de quoi grignoter pile au bord du chemin de Stevenson.

La rivière qui, dit-on alors, rougit du sang des camisards...

Y aller en navette

Pour rejoindre Le Pont-de-Montvert, très mal desservi par le bus, le plus simple est de profiter des navettes des transporteurs (voir p. 23) au départ de la gare d'Alès. Pour le retour depuis Cassagnas, le bus Lio 251 s'arrête à la gare d'Alès. *lio-occitanie.fr*

Infos touristiques

Maison du Tourisme et du Parc national des Cévennes – Place de l'Ancienne Gare, Florac. Tél. 04 66 45 01 14, *cevennes-gorges-du-tarn.com*, *lozere-tourisme.com*, *causses-et-cevennes.fr*

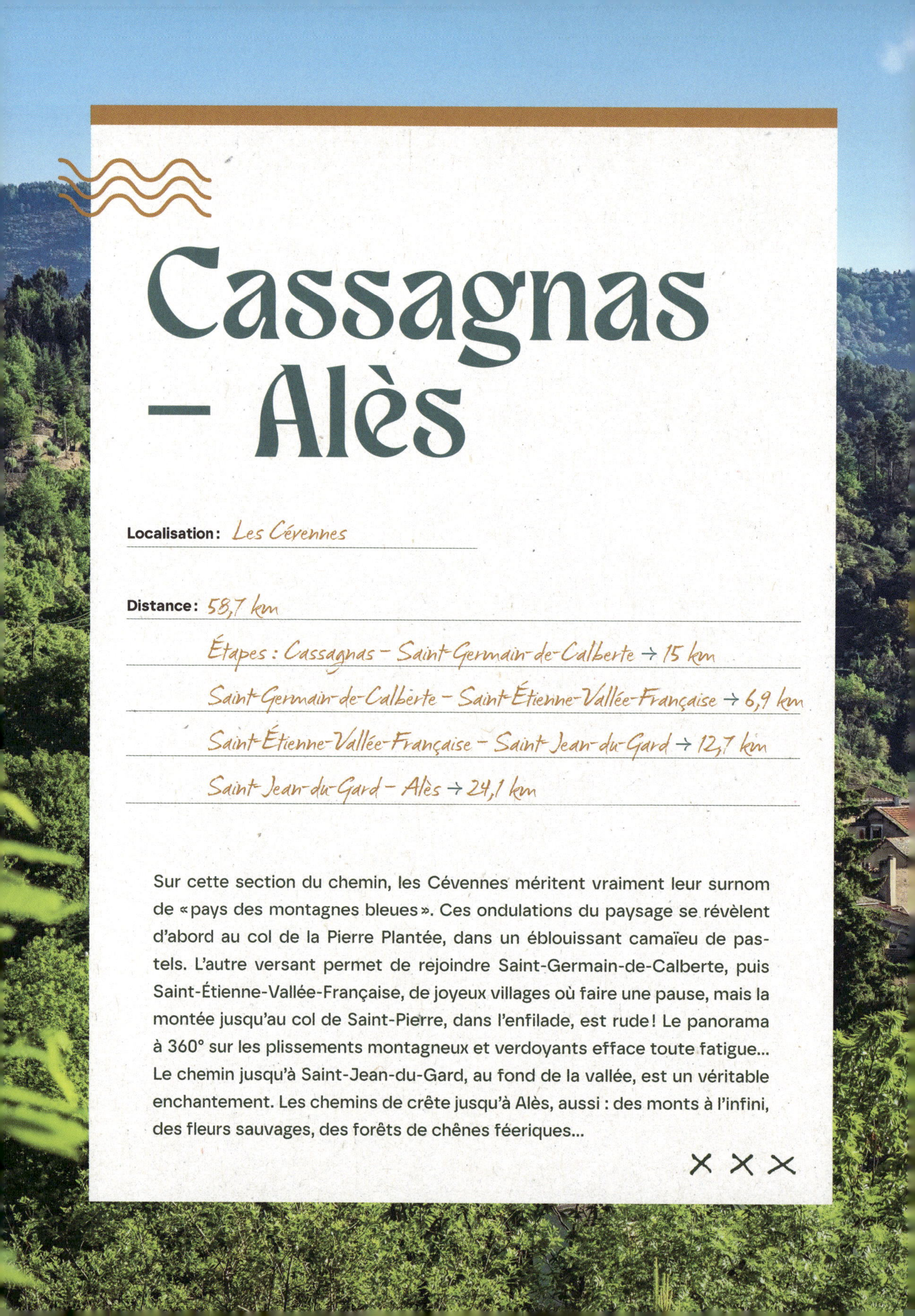

Cassagnas – Alès

Localisation : *Les Cévennes*

Distance : *58,7 km*

Étapes : Cassagnas – Saint-Germain-de-Calberte → 15 km

Saint-Germain-de-Calberte – Saint-Étienne-Vallée-Française → 6,9 km

Saint-Étienne-Vallée-Française – Saint-Jean-du-Gard → 12,7 km

Saint-Jean-du-Gard – Alès → 24,1 km

Sur cette section du chemin, les Cévennes méritent vraiment leur surnom de « pays des montagnes bleues ». Ces ondulations du paysage se révèlent d'abord au col de la Pierre Plantée, dans un éblouissant camaïeu de pastels. L'autre versant permet de rejoindre Saint-Germain-de-Calberte, puis Saint-Étienne-Vallée-Française, de joyeux villages où faire une pause, mais la montée jusqu'au col de Saint-Pierre, dans l'enfilade, est rude ! Le panorama à 360° sur les plissements montagneux et verdoyants efface toute fatigue… Le chemin jusqu'à Saint-Jean-du-Gard, au fond de la vallée, est un véritable enchantement. Les chemins de crête jusqu'à Alès, aussi : des monts à l'infini, des fleurs sauvages, des forêts de chênes féeriques…

Saint-Germain-de-Calberte

Vous rejoindrez sans effort Saint-Germain-de-Calberte et Saint-Étienne-Vallée-Française. Les deux bourgs ont une épicerie, des cafés, des gîtes et des campings. Veillez à y faire des réserves d'eau, vous ne trouverez rien d'autre avant Saint-Jean-du-Gard. Les randonneurs sont nombreux à s'offrir une pause d'une journée dans cette ravissante ville pour profiter de son riche héritage culturel et prendre des forces. La dernière étape, de Saint-Jean-du-Gard à Alès, comprend un dénivelé positif de plus de près de 1000 m par des sentiers rocailleux ! Sur le chemin, seule l'épicerie-buvette de Mialet (mar.-sam. 10 h-12 h 30 – le gîte des Amis du Foyer Roland peut aussi dépanner) offre une halte bienvenue. Après Mialet, pour votre plus grand bonheur vous serez coupé du monde, même pas un hameau sur la route ! L'arrivée à Alès, la capitale des Cévennes, et le retour dans le tumulte d'une grande ville, seront assurément un choc...

Plein champ

La descente vers Saint-Germain-de-Calberte ouvre de belles fenêtres sur de petits jardins étalés en paliers successifs. Cette technique de terrassement, utilisée depuis le Moyen Âge, permet de remédier aux pentes fortes des Cévennes et de laisser un peu de place aux cultures : étroits potagers au plus près des hameaux, puis, les bandes de terre s'élargissant peu à peu, des vignes, et enfin des mûriers et des châtaigniers. Les murets de pierre sèche qui délimitent ces *bancels* ont une double vocation : limiter l'érosion des pentes, surtout lors des fortes pluies d'automne, et irriguer les plantations en laissant l'eau s'écouler doucement d'un niveau à l'autre. Futé !

La Voie lactée, depuis le parc national des Cévennes

Les Cévennes en mode nuit

La pureté du ciel est telle que vous pourrez, la nuit tombée, observer la Voie lactée et ses constellations à l'œil nu. La région est aussi très engagée dans la lutte contre la pollution lumineuse. Ce cadre exceptionnel a permis au parc national des Cévennes de décrocher en 2018 le titre prestigieux de Réserve internationale de ciel étoilé (RICE). C'est la plus vaste d'Europe! Un petit espace d'observation a d'ailleurs été installé sur les hauteurs du village de Saint-Germain-de-Calberte, avec un «mobilier» invitant à la rêverie : banc semi-allongé, plateforme pour télescope, ligne écliptique afin d'apprécier la course des planètes, totem informatif en écriture phosphorescente. La nature offre ici un spectacle XXL...

Belvédère aux étoiles – Le Serre de la Can, Saint-Germain-de-Calberte. Gratuit. *leserredelacan.com*

+ *Réserve internationale de ciel étoilé*

Les pieds dans l'eau

Gardon du Mialet, Gardon de Saint-Étienne, Gardon de Saint-Jean... Au fil de ce voyage, vous rencontrerez les eaux cristallines des gardons, de petites rivières qui se jettent dans le Gard et se teintent de bleu turquoise dès qu'elles ont un peu de profondeur. Vite chauffées par le soleil, bordées de galets ou de larges roches sculptées par les crues, elles déroulent des paysages sauvages, royaume des loutres et des castors. Ce qui ne vous empêche pas de vous y baigner, leurs rives étant faciles d'accès depuis le chemin de Stevenson. Si vous avez le temps d'une longue escale à Saint-Jean-du-Gard, sautez dans le petit train à vapeur des Cévennes, qui rallie Anduze. Cette ancienne ligne passe d'un viaduc à l'autre et offre des vues merveilleuses sur la vallée des gardons.

Train à vapeur des Cévennes – Place de la Gare, Saint-Jean-du-Gard. *trainavapeur.com*
Mars-oct. Aller-retour dans la journée.
Arrêt possible à la Bambouseraie des Cévennes (*bambouseraie.fr*) sur le trajet.

Filer un bon cocon

Devant le coût croissant de la soie grège importée d'Italie, Henri IV s'insurge : on produira dans les Cévennes, où le mûrier blanc s'épanouit ! Au printemps, les femmes glissent alors sous leurs vêtements de petits sacs d'œufs dont naîtront, grâce à la chaleur du corps, les chenilles. On adapte l'architecture des maisons en les surélevant d'un étage sombre et à chaleur tempérée. C'est là que les *magnans* («gourmands», en occitan) sont nourris et qu'ils tissent leur cocon qu'il faut ébouillanter avant que l'éclosion ne brise le précieux fil (il faut environ 3000 cocons pour obtenir 250 g de fil de soie !). L'arrivée des machines à vapeur donne tant d'essor à cette industrie qu'à son apogée, au milieu du XIXe siècle, Saint-Jean-du-Gard fait travailler 1000 ouvrières dans ses 23 filatures ! C'était compter sans la terrible pébrine, une maladie du ver à soie qui dévaste brutalement les élevages. Le temps de trouver une solution, la concurrence asiatique a envahi le marché… De cette tradition, il reste Maison Rouge, première filature industrielle à avoir ouvert, en 1838, et dernière à fermer en 1965. Rénovée en musée, elle illustre, à travers près de 10000 objets, le passé cévenol et le travail de la soie.

5, rue de l'Industrie, Saint-Jean-du-Gard.
Tél. 04 66 85 10 48
maisonrouge-musee.fr Payant.

Sentinelle de pierre

Vous suivrez un instant la corniche des Cévennes en montant au col de Saint-Pierre. Cette route départementale relie Florac à Saint-Jean-du-Gard à travers une succession de cols et de panoramas. Difficile de croire qu'il ne s'agissait, à l'origine, que d'une simple draille empruntée par les bergers et les muletiers ! Elle fut élargie sur ordre de Louis XIV durant les guerres de religion pour faciliter le passage des troupes… et mieux repérer, des hauteurs, les mouvements de l'insurrection des camisards.

L'Oronge

C'est à cet ancien relais de diligence du XVIIe siècle que Stevenson se sépara de Modestine pour la somme de 35 francs, selle comprise… De là, il sauta dans une calèche pour aller chercher son courrier à Alès, espérant y trouver une lettre de sa bien-aimée. On peut encore y loger pour passer la nuit ou simplement dîner dans l'une de ses courettes fleuries. Ne ratez pas la fresque dédiée à l'écrivain et à sa monture.

Hôtel L'Oronge – Place de la Révolution, Saint-Jean-du-Gard. Tél. 04 66 86 05 52, *hotel-oronge.com*

Hôtel-restaurant L'Oronge

Les « assemblées du désert »

C'est ainsi que l'on appelait les rassemblements clandestins des camisards pendant les guerres cévenoles, en référence au peuple hébreu conduit hors d'Égypte par Moïse. Ces assemblées, conduites par des « prophètes », avaient lieu la nuit dans les forêts, les ravins ou les grottes de la région… Au hameau du Mas Soubeyran, à Mialet, la maison natale du chef camisard Pierre Laporte, dit Rolland, est tout naturellement devenue le musée du Désert, un lieu consacré à l'histoire des huguenots français. Depuis 1911, une assemblée commémorative y réunit chaque année en septembre 10 000 à 15 000 personnes ! L'été (juil.-début sept.), la navette 85 au départ de Mialet permet de rejoindre rapidement le musée. Elle dessert également, un peu plus loin, la grotte de Trabuc et son époustouflant lac de minuit.

Musée du Désert – Le Mas Soubeyran, Mialet. Tél. 04 66 85 02 72, *museedudesert.com* Payant.

Grotte de Trabuc – Route des Grottes, Mialet. Tél. 04 66 85 03 28, *grotte-de-trabuc.com* Payant.

Y aller *en bus*

Pour rejoindre Cassagnas, bus Lio 251 au départ de la gare d'Alès.

La ligne de bus 72 relie Saint-Jean-du-Gard à Alès (lun.-sam.).

lio-occitanie.fr

Se déplacer à Alès

Des navettes gratuites relient les différents points de la ville (lun.-sam. 7 h 30-19 h 30). La ligne orange dessert la gare SNCF.

alesy.fr/alesy-en-navette

Infos touristiques

cevennes-tourisme.fr

lozere-tourisme.com

causses-et-cevennes.fr

alesy.fr

Marche ou crève

Très tôt, le tuberculeux en puissance que fut R.L. Stevenson aura frôlé la mort. Tout aussi tôt, il aura marché, nécessité faisant loi. Jalonnant sa courte existence – l'Écossais meurt à 44 ans dans les mers du Sud –, il y a ces randonnées, souvent longues, dûment documentées, à travers des paysages divers et variés, entre-temps devenues des circuits touristico-culturels tout à fait officiels, tels le* **Stevenson Way**, *de Mull à Édimbourg, ou ce GR®70, du Puy-en-Velay à Alès.

Par Marc Porée

Les paysages montagneux de Davos, en Suisse

Un touriste en quête de soins

Ses tout premiers textes publiés narrent ses expéditions, pédestres (*Sur la route*, 1873 ; *Le Sens de la marche*, 1876, rapidement devenu culte parmi les marcheurs) ou autres : *Croisière* [en canot] *à l'intérieur des terres* (1878). Mais une bonne partie des déplacements de ce nomade forcené obéit à des raisons d'ordre médical : le suivre à la trace, de Fontainebleau à Menton, sur la Riviera française, ou à Davos, dans les Alpes suisses, c'est lire la carte des préconisations, au besoin changeantes, faites à la crème de la crème des patients anglais par les praticiens de l'époque. Son tourisme est d'abord et avant tout thérapeutique : l'air plus rude des Alpes « guérit », note-t-il en préambule à *Health and Mountains* (1881) qui fait suite à *Ordered South* (1874).

Le « grand dehors guérit »

Toutefois, l'écrivain épris de vérité doit à cette dernière de reconnaître que la marche a vocation, tout au plus, à le maintenir en sursis. Détenteur, comme le sont pas mal d'écrivains, d'une petite santé – la « santé du malheur », dirait Proust, qui admirait Stevenson, mais qu'on peine à imaginer se lançant dans une randonnée de 200 kilomètres –, Stevenson se complut à se mettre à l'épreuve, exposant sa frêle constitution à une adversité de préférence redoutable. Avec une forme d'orgueil qui tranche avec l'humilité prêtée à sa chère « Modestine », il releva tous les défis.

Rapportés à sa « méchante » carcasse d'« invalide » et aux hémorragies qui le laissent sur le flanc, ses cheminements au long cours ont quelque chose de surhumain. On retient contre lui qu'avec son âne, il eut la main très lourde, abusant du gourdin et de l'aiguillon, jusqu'à en éprouver un cuisant remords – mais on peut aussi comprendre qu'à travers l'animal, c'était à sa propre personne qu'il s'en prenait. S'infligeant mille et un maux, il cherchait, au fond, à tromper la mort, tantôt avec l'énergie du désespoir, tantôt avec l'indolence du (faux) oisif. D'où la puissance symbolique de cette page de son *Voyage*, où, alors qu'il dort à la belle étoile, il se réveille à la vie, à la faveur d'une saisissante « résurrection nocturne ». Marcher, c'est, bien sûr, s'incorporer au paysage, s'accorder au rythme d'une nature inviolée, se dépouiller des oripeaux de la civilisation ; mais c'est surtout se sentir renaître de ses cendres, tel un phénix.

Frontispice d'une édition de Voyage avec un âne *dans les Cévennes*

Un amoureux transi

Et quand ce n'est pas une pathologie pulmonaire ou d'origine nerveuse qui accable ce malade tout ce qu'il y a de moins imaginaire, c'est un chagrin d'amour. De fait, à l'origine du *Voyage avec un âne dans les Cévennes* (1879), on trouve l'immense peine causée par le retour au pays de Fanny Osbourne, l'Américaine dont il s'était épris à Barbizon et dont le mari jaloux exigeait qu'elle regagnât au plus vite le domicile conjugal. Inconsolable, le jeune homme – il a à peine 28 ans – met le cap au sud. Mais, de fait, le récit qu'il tire de ses pérégrinations se révèle travaillé, en creux, par un manque lancinant. À la moindre occasion, mais surtout quand la tension de la marche se relâche, au bivouac, remonte à la conscience le souvenir de Fanny : un seul être vous manque, et tout est dépeuplé. Ainsi s'explique, sans doute, son choix d'une ânesse pour l'accompagner : naïvement, il devait penser que l'élégante et menue bête de somme sur laquelle il avait jeté son dévolu lui tiendrait lieu de douce compagne, ce qu'elle fut, en partie, mais c'était compter sans son indocilité naturelle.

Il faut croire, pourtant, que la marche est bonne conseillère : au sortir du périple cévenol, Stevenson filera tout droit en Californie épouser la femme qu'il aime. La hâte avec laquelle il interrompt son récit, si elle surprend de prime abord le lecteur, n'en est pas moins caractéristique, dans la vie comme dans l'œuvre, d'une marche à deux vitesses, tantôt lente et détendue, tantôt fiévreuse et précipitée. La furie de Mr Hyde déboulant à pleine vitesse d'une rue de Londres et piétinant la fillette qu'il vient de renverser n'est jamais que l'envers du plaisir pris par son créateur à vagabonder le nez en l'air.

Marcher autour de sa chambre

À mesure que sa santé décline, les séjours dans les sanatoriums dernier cri se multiplient, ainsi chez le docteur E.L. Trudeau, au cœur des Adirondacks, à la frontière avec le Canada. De là, dans l'espoir de tromper la mort, Stevenson se lance dans une folle aventure : traverser le Pacifique et refaire sa vie en Polynésie. Sur l'île d'Upolu, quand il ne converse pas avec les dignitaires samoans, le résident de la villa Vailima, la demeure coloniale voulue par Fanny, marche autour de sa chambre. C'est depuis son lit que l'écrivain actionne les leviers qui font que le corps, et l'âme à sa suite, demeurent en perpétuel mouvement. Tirant de son délabrement physique matière à assouvir ses besoins d'intensité, il s'échine à transmettre des sensations que nul autre écrivain n'exprima avant lui : son style elliptique et vif est celui d'un chemineau affûté. Les chapitres d'*Enlevé!* qui relatent une fuite à perdre haleine à travers landes et bruyères, ou bien encore la scène de poursuite par laquelle s'achève *Le Maître de Ballantrae*, « sur un chemin dont chaque étape était marquée par un cadavre mutilé », font entendre le cœur battant du romanesque. Jusqu'au terme de sa courte existence – il meurt à 44 ans –, le « raconteur d'histoires » poitrinaire écrira exactement comme il avait marché : au pas de course.

Sanatorium des Adirondacks, État de New York

Fonta

Maison du peintre Narcisse Díaz de la Peña, à Barbizon

×× France

C'est en avril 1875 que Stevenson vient pour la première fois à Barbizon. Tombé sous le charme de cette colonie d'artistes située en lisière de la forêt de Fontainebleau, il va passer quatre étés successifs dans la région, le temps d'affermir sa vocation littéraire et de rencontrer la femme de sa vie, Fanny Osbourne. Aujourd'hui, un itinéraire de randonnée permet de suivre les pas du romancier entre Barbizon, Grez-sur-Loing, Moret-sur-Loing, Fontainebleau et Château-Landon, au cœur de paysages qui ont inspiré les artistes du monde entier.

Le pays de inebleau

Paris
D606
La Seine
Gorges d'Apremont
Barbizon
D607
Franchard
Fontainebleau
La Seine
Forêt domaniale
de Fontainebleau
D606
Moret-sur-Loing
Recloses
Montigny-sur-Loing
Bourron-Marlotte
Le Loing
La ronde de Stevenson
D607
Grez-sur-Loing
N
O
E
S
Larchant
Nemours
A6
Châtillon-sur-Loire

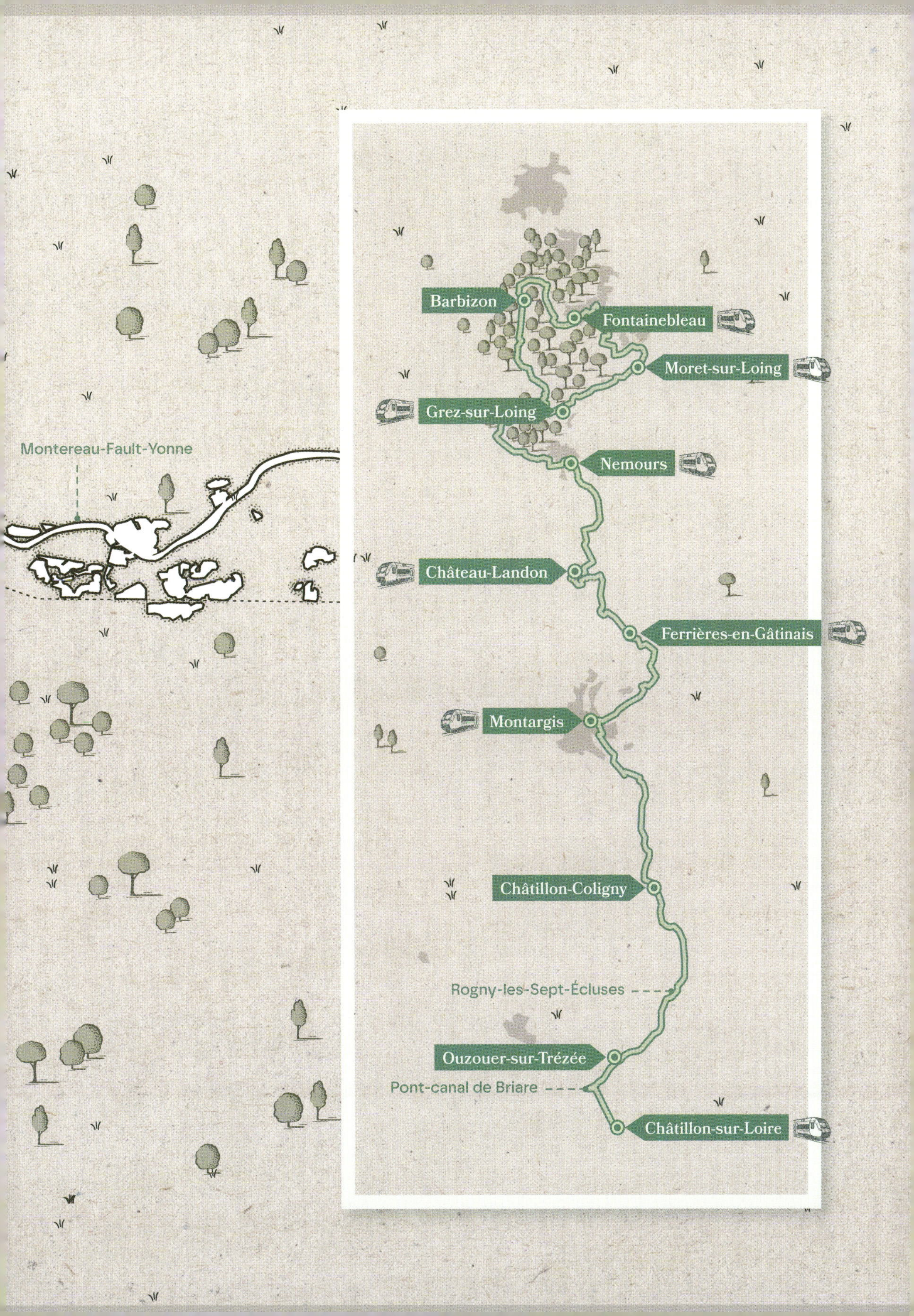

Montereau-Fault-Yonne
Barbizon
Fontainebleau
Moret-sur-Loing
Grez-sur-Loing
Nemours
Château-Landon
Ferrières-en-Gâtinais
Montargis
Châtillon-Coligny
Rogny-les-Sept-Écluses
Ouzouer-sur-Trézée
Pont-canal de Briare
Châtillon-sur-Loire

L'appel de la forêt

« Le charme de Fontainebleau est un phénomène sans pareil. C'est un lieu qu'on aime plus qu'on ne l'admire. » R.L. Stevenson

Je débarque à Barbizon un dimanche d'avril. La belle saison démarre à peine après un hiver très pluvieux. Dans le village, tout le monde semble ravi du retour du soleil qui, immanquablement, fait affluer les touristes dans la rue principale mais aussi en forêt. Car on vient ici depuis le monde entier! Chacun a ses raisons. La mienne? J'ai pris conscience de la préciosité de la forêt de Fontainebleau. Elle est si proche de Paris – 1 heure de train tout au plus – et pourtant si différente de mon quotidien où la vie file à cent à l'heure, ne laissant que peu de répit pour la contemplation. C'est une parenthèse facile à ouvrir et à refermer. Avec la forêt de Fontainebleau et ses villages, l'urbain toujours pressé dispose d'un remède simple à ses maux. Avant moi, Robert Louis Stevenson avait découvert ici comment suspendre le temps sans craindre l'ennui, comment être un « oisif actif » :

« L'artiste peut y être désœuvré sans craindre la morosité. Il peut y prendre la vie à la légère. »

L'Écossais arrive pour la première fois dans la région en 1875, à tout juste 25 ans. À l'époque, il n'a encore rien écrit ou presque. Souffrant d'une grave maladie respiratoire et en froid avec sa famille – qui lui reproche de ne pas avoir suivi le destin qu'elle lui avait choisi –, il se laisse tenter par l'invitation de son cousin Bob, qui réside depuis quelque temps à Barbizon. Ce hameau situé à la lisière de la forêt de Fontainebleau accueille depuis les années 1830 une colonie d'artistes. Ses « membres » les plus illustres? Jean-François Millet, Théodore Rousseau ou Camille Corot, qui fut l'un des premiers à venir peindre dans le coin, à l'époque où personne n'installait encore son chevalet en plein air. Au moment où Stevenson arrive, cette première génération s'efface peu à peu : Rousseau est mort depuis près de 10 ans et Millet vient tout juste de s'éteindre. Mais des artistes sont toujours là...

Dunes des Beorlots, forêt de Fontainebleau

En ce dimanche de printemps 2024, le village affiche des airs de petit Montmartre avec ses restaurants, ses cafés et ses grappes de galeries d'art plus ou moins huppées, qui cultivent toutes le souvenir de l'« école de Barbizon ». Je découvre aussi l'atelier de Jean-François Millet, la maison de Théodore Rousseau, le manoir de Diaz de la Peña... Et, bien sûr, la fameuse auberge Ganne, où la première génération d'artistes barbizonnais avait pris racine. En pénétrant dans l'Hôtellerie du Bas-Bréau – qui n'est autre que l'ancienne pension Siron, où Stevenson logeait –, j'essaie d'imaginer le quotidien d'alors du futur romancier. À quoi passait-il donc ses journées, lui qui ne peignait pas ? À écrire ? À marcher ?

Les journées à la pension Siron se déroulent alors ainsi : le jour, chacun vaque à ses occupations entre marche dans la forêt, peinture en plein air, sieste sous un chêne ou excursion vers Marlotte ou Grez, où résident d'autres artistes... Le soir, tout le monde se retrouve autour d'un bon repas servi par Madame Siron, avant de refaire le monde autour d'une bouteille de vin chapardée dans la cave. Stevenson garde-t-il un souvenir ému de Barbizon parce qu'il y a (enfin) trouvé sa vocation, renonçant à son métier d'avocat pour se consacrer à l'écriture ? C'est possible. Toujours est-il qu'il y a mené une vie de bohème simple et joyeuse. Avec cette colonie d'artistes, il a (re)trouvé une famille.

X *Il faut que je me rende à l'évidence : il va être difficile de retracer son itinéraire exact à travers la forêt.*

« On me dit que certains ne s'intéressent pas aux cartes; j'ai peine à le croire », écrit Stevenson dans ses *Forest Notes*. En disposait-il lors de ses séjours ici ? Au gré de ses départs et arrivées, étalés sur quatre étés, il a beaucoup circulé : Fontainebleau, Barbizon, Grez ou Moret-sur-Loing, Châtillon-sur-Loire... Seul ou accompagné de son cousin, voire de son ami Walter Simpson, qui va le suivre en canoë sur les rivières du Nord. Il faut que je me rende à l'évidence : il va être difficile de retracer son itinéraire exact à travers la forêt. Dans ses notes, il affirme « connaître toute la partie ouest ». Je n'ai retrouvé que peu d'indications sur les sentiers qu'il a empruntés, même en épluchant ses textes. Ah, si, un indice tout de même : il parle d'un fléchage bleu, qui semble correspondre au marquage des sentiers tracés en 1842 par Claude-François Denecourt, pionnier de la randonnée pédestre. Ce sont d'ailleurs, en grande partie, ces itinéraires entretenus par l'association des Amis de la Forêt de Fontainebleau que l'association Stevenson, de Barbizon à Grez, a repris afin de constituer sa Ronde de la forêt, complétés par nos GR® modernes. À mon tour de m'élancer sur les sentiers afin d'essayer de comprendre pourquoi Fontainebleau est un moment-clé dans la vie de l'écrivain-voyageur. De toutes les marches et aventures entreprises par Stevenson, celle de Fontainebleau est loin d'être la plus difficile ! En tant que marcheur du dimanche, ce n'est pas pour me déplaire...

Le matin suivant mon arrivée, je m'engage donc sur le sentier filant de Barbizon à Grez-sur-Loing sur 24 km. Le parcours commence par emprunter le sentier des Peintres, qui mène au fameux rocher de l'Éléphant. Sa silhouette « pachydermique » en grès massif ne manque jamais d'attirer les gamins. Ils sont trois à essayer de grimper sur sa trompe et à se hisser sur son dos ! Non loin, incrustés dans une haute roche, les portraits en bronze de Millet et Rousseau me rappellent ce que la forêt doit aux artistes. Car ce sont eux qui l'ont sauvée ! Les chênes, les hêtres et les landes sauvages immortalisés par Théodore Rousseau et l'école de Barbizon furent, un temps, menacés par la plantation massive de résineux, destinés à la production de bois pour étayer les mines du nord de la France. Le cri d'alarme du peintre, relayé par Rosa Bonheur et George Sand, a été entendu par Napoléon III, et pris en considération. La forêt en danger fut donc déclarée « réserve artistique ». Après quelques kilomètres, je rencontre la silhouette empesée du chêne Sully, l'un des rescapés de cette belle histoire. Sa circonférence atteint aujourd'hui les 5 mètres et l'arbre aurait plus de 400 ans...

En route vers Franchard, sur une section du GR®1 (qui fait le tour de l'Île-de-France), je chemine maintenant à travers des paysages fort changeants : vastes futaies de hêtres et de chênes mêlés, amoncellement de roches que l'on pourrait croire tombées du ciel, sous-bois moussus plantés de genévriers ou de fougères, pinèdes constellées de troncs aux couleurs fauves évoquant un peuple sylvain en mouvement... De temps à autre, des trouées remblayées ou de larges chaussées pavées font irruption dans le cadre, rappelant que la civilisation n'est jamais bien loin. À l'époque de Stevenson, la forêt était tout de même beaucoup plus tranquille !

Me voici arrivé au pied de l'ancien ermitage en ruine de Franchard, à la pierre calcaire plutôt inattendue en ces terres sablonneuses et gréseuses. Qui a donc pris soin d'acheminer ces nobles matériaux en pleine forêt ? Je m'accorde une petite pause pique-nique en méditant sur la puissance de la foi. Très ouvert et plutôt accueillant aujourd'hui – on trouve à ses abords un centre d'interprétation – le lieu a longtemps été habité par de mystérieux ermites. À l'occasion, ceux-ci n'hésitaient pas à rapiner quelques promeneurs ! Dieu reconnaîtra les siens... Dans son texte sur Fontainebleau, Stevenson évoque la présence d'un vieil ermite lorsqu'il passe dans le coin et le qualifie au passage... d'escroc ! Cela lui inspirera plus tard un autre récit, *Le Trésor de Franchard*.

En quittant la clairière, j'aborde ensuite le spectaculaire secteur des gorges de Franchard, l'un des préférés de Denecourt. Plusieurs rois de France sont venus ici en excursion, parfois accompagnés de musiciens (quel chic !). Aujourd'hui, c'est un coucou qui rythme mes pas, annonçant l'ouverture de la saison des amours. Le sentier file vers un paysage plus chaotique, marqué par la présence de roches monumentales qu'il faut parfois contourner ou même enjamber. Certaines sont si proches et si hautes que l'on peut s'y cacher, le temps d'une sieste ou d'une pause. De part et d'autre du sentier, je constate avec tristesse que de nombreux arbres, autrefois majestueux, sont tombés. Les épisodes successifs de canicule ont fait de gros dégâts dans la forêt. En remplacement de ces grands ancêtres, les forestiers de l'ONF tentent de replanter des espèces plus résistantes, tout en respectant la biodiversité locale. Un travail de longue haleine, aux enjeux multiples.

Vue sur les gorges de Franchard

Le chemin mène ensuite à l'Arbor&Sens, un arboretum de 20 ha recelant quelques arbres d'exception comme ce séquoia géant américain, qui évoque les paysages californiens décrits par Stevenson dans *La Route de Silverado*. Un fil d'Ariane destiné aux non-voyants leur permet de pénétrer dans cet espace destiné aussi bien à la pédagogie qu'à la relaxation. Peut-on entendre respirer les arbres ? Même si le lieu invite à prendre son temps, il faut que je reprenne mon chemin. J'entame alors une longue marche à travers des platières ou des landes avant de cheminer le long de grandes allées menant à des carrefours en étoile comme celui des Grands Feuillards. Ils servent de points de repère dans la forêt depuis des siècles, notamment pour l'organisation des chasses à courre, toujours pratiquées par ici. Çà et là, je remarque aussi de drôles de pins dont les troncs semblent servir de base à un autre arbre, plus majestueux encore. Il s'agit de pins laricio, originaires de Corse, greffés sur de simples pins sylvestres, très nombreux à Fontainebleau. Le résultat peut apparaître comme une franche réussite si l'on se fie à la hauteur de ces spécimens hybrides particulièrement impressionnants. Mais les botanistes et pépiniéristes qui ont pratiqué ces étonnants mariages n'avaient pas prévu que ces arbres resteraient stériles ! Et donc peu utiles à la forêt.

Après avoir emprunté le GR®13 au niveau du carrefour des Ventes aux Perches, je rejoins doucement le village de Recloses, organisé autour d'une belle église de campagne bordée de pelouses. Bizarrement, cette bourgade n'a jamais accueilli de colonies d'artistes, contrairement à la plupart de celles des environs. Peut-être le fera-elle au XXIe siècle ?

En glissant le long d'une venelle pavée, je rejoins la suite du sentier qui s'enfonce cette fois dans une forêt assez dense, couverte de mousses d'un vert tendre et ombragée par d'immenses pins.

Sur la gauche, j'admire la verticalité chaotique d'une nouvelle crête rocheuse, qui offre une fascinante toile de fond à ma balade. De là-haut, il est possible d'apercevoir une grande sablière cachée au creux de la forêt. Elle a longtemps fourni des verreries d'exception comme celles de Murano, à Venise. Avec la pluie tombée durant l'hiver, les mares que je croise en chemin paraissent toutes bien pleines. Leurs eaux très sombres constituent des miroirs naturels saisissants. Un canard isolé flotte tranquillement sur l'une d'entre elles. Lui et moi vivons à cet instant un vrai moment de plénitude.

C'est en passant dans la rue principale du village que le jeune homme découvrit Fanny, attablée avec d'autres artistes. Son attirance fut alors si grande, qu'il entra dans l'hôtel par une fenêtre ouverte !

Bonne nouvelle, la fin du sentier approche : je ne suis pas mécontent.

Après 6 heures de marche, me voilà bien fourbu ! Petit à petit, le chemin quitte la forêt pour rejoindre les premières bâtisses de Grez-sur-Loing. L'apparition de sa grand-rue, bordée de jolies maisons, sonne comme une victoire ! Cette étape est maintenant bouclée : place à la détente, mais aussi à la visite. Moins connu que Barbizon, ce village champêtre établi sur les berges du Loing a joué un rôle non négligeable dans l'histoire de l'art. De nombreux artistes – pour la plupart étrangers – y sont passés, formant ici aussi une véritable colonie. On peut citer par exemple Carl Larsson, peintre suédois, August Strindberg, dramaturge de la même nationalité, ou encore Frank O'Meara, artiste irlandais. Mais si je suis venu jusqu'ici, c'est aussi pour Stevenson. Car il y a fait une rencontre qui a changé sa vie : celle de Fanny Osbourne, sa future femme !

En traversant le Loing par le pont de Grez – peint par Corot – je jouis d'une vue plongeante sur le jardin de l'ancien hôtel Chevillon, où logeaient la plupart des artistes de Grez. Aujourd'hui, le bâtiment appartient à une fondation suédoise, dirigée par des bénévoles passionnés attachés à son histoire. C'est ici que Louis rencontra sa belle Fanny. La dame a 10 ans de plus que lui et déjà des enfants ; cela ne les empêche pas d'avoir le coup de foudre. Dans le village, plusieurs versions circulent sur leur rencontre : pour certains, Stevenson l'aurait d'abord aperçue dans le jardin, au bord de l'eau ; la responsable de la fondation me raconte avec gourmandise que c'est en passant dans la rue principale du village que le jeune homme découvrit Fanny, attablée avec d'autres artistes. Son attirance fut alors si grande, qu'il entra dans l'hôtel par une fenêtre ouverte ! J'avoue une préférence pour cette version plus rocambolesque. Surtout quand on connaît la suite : une vie commune pleine d'aventures et de voyages, qui les mènera sur plusieurs continents, de l'Amérique aux Samoa ! Sophie Batsis, propriétaire d'Early Grez, une superbe chambre d'hôtes qui fait revivre l'âge d'or de Grez, me confie avoir effectué des recherches pour savoir si l'aventurier ou un autre artiste avait dormi dans sa maison. Elle n'a encore rien trouvé, mais continue son enquête. Sur le chemin de Stevenson, c'est cette passion commune qui nourrit les marcheurs et les pousse à continuer à avancer.

××× Jean Tiffon

La tour de Ganne, Grez-sur-Loing

Dans les ruelles de Moret-sur-Loing

Grez-sur-Loing – Moret-sur-Loing

Localisation : *Pays de Fontainebleau*

Distance : *17 km (env. 4 h 15)*

Chemin des Prés, à Grez-sur-Loing – Porte de Bourgogne, à Moret-sur-Loing

Infos utiles : *Marquage* → GR®13B

Carte → IGN 2517 SB

Pourquoi les amoureux de Stevenson doivent-ils absolument visiter Grez ? Parce que c'est dans ce charmant village des bords du Loing que l'écrivain-aventurier rencontra sa future femme, Fanny Van de Grift Osbourne. Après avoir égrené les lieux liés à leur idylle et découvert l'histoire artistique de Grez – qui fut aussi une colonie de peintres et d'écrivains –, vous suivrez tranquillement le GR®13B en direction du nord et de Moret-sur-Loing, entre berges bucoliques, sablières rendues à la vie sauvage et forêt ombreuse. En chemin, vous pourrez faire un détour par l'adorable village d'artistes de Bourron-Marlotte, où Stevenson passa également, ou musarder dans Montigny-sur-Loing, de villas en cabanes de pêcheurs.

X X X

Au sud de la forêt de Fontainebleau, ce chemin facile et pas trop long vous permettra de flirter avec le Loing et son canal, qui rejoignent tranquillement la Seine, plus au nord. Sachez qu'il est également possible de faire ce trajet à vélo en empruntant l'impeccable EuroVelo 3 (Scandibérique®), voire en canoë, moyen de locomotion cher à Stevenson et à son compère Walter Simpson. Grez-sur-Loing est facilement accessible en transports en commun grâce aux Transiliens de la ligne R, qui desservent la gare de Bourron-Marlotte – Grez (ligne Paris-Gare de Lyon – Montargis), située à 3 km au nord. Compter environ 1h de train de Paris. En voiture, vous rejoindrez Grez très facilement depuis Fontainebleau. Accordez-vous un détour par Bourron-Marlotte, village à l'histoire artistique très riche, situé à 3,5 km de Grez. Pour loger, Grez-sur-Loing a quelques jolies chambres d'hôtes comme Early Grez (notre préférée !), tandis que Moret dispose de quelques hôtels et chambres. Pour manger, on pourra réserver une table à La Papote, à Bourron-Marlotte ou encore à La Poterne, bonne crêperie de Moret installée face au pont médiéval.

L'ancien hôtel Chevillon

Grez-sur-Loing : un lieu stevensonien

Sa pittoresque rue principale aux airs champêtres donne le ton : Grez a du charme à revendre ! Bien alignées, ses jolies maisons... en grès cachent de merveilleux jardins qui descendent jusqu'aux rives du Loing. C'est la présence de l'eau, absente de Barbizon, qui attira Stevenson jusqu'ici la première fois, en 1876. Tombé sous le charme des lieux et surtout de Fanny Osbourne, il y passa trois étés de rêve entrecoupés de séjours en Angleterre ou en Europe du Nord. D'origine médiévale, Grez a dû faire face aux assauts des Anglais pendant la guerre de Cent Ans ; seul vestige de l'ancien donjon, la tour de Ganne témoigne de cette époque chevaleresque. À ses pieds, le Vieux Pont et ses dix arches ont beaucoup inspiré les artistes : Corot d'abord, qui le représenta dans une toile célèbre, mais aussi Kuroda Seiki, peintre japonais qui fit connaître l'impressionnisme dans son pays. Quant à Christo, il se servit de l'édifice pour s'entraîner en vue de « l'emballage » du Pont-Neuf, à Paris.

Early Grez

Tenue par Sophie Batsis et son mari britannique Ian, cette chambre d'hôtes constitue presque un voyage en soi. Car les deux adorables propriétaires, passionnés par l'histoire artistique de Grez, ont voulu recréer ici l'atmosphère de l'époque de Stevenson. Agrémentée d'un magnifique jardin qui court jusqu'à la rivière, leur jolie maison cache deux chambres décorées de papiers peints fleuris et de toiles originales d'artistes du XIXe siècle. Le plantureux petit déjeuner se prend à l'extérieur à la belle saison. (132, rue Wilson, Grez-sur-Loing. Tél. 07 87 95 62 45, *earlygrez.com*)

Stevenson (4e en partant de la droite), Fanny Osbourne et d'autres artistes à Grez-sur-Loing

L'ancien hôtel Chevillon : une résidence d'artistes

À partir de 1860, Grez-sur-Loing accueille une importante colonie d'artistes : certains viennent de Barbizon, d'autres d'académies de peinture parisiennes. Tous souhaitent s'entraîner à « peindre sur le motif » en plein air, dans une atmosphère propice à la création. Ils s'installent à l'hôtel Chevillon, une belle maison de la rue principale, juste après le pont de Grez. Ouvert par Paul et Virginie Chevillon, l'établissement devient le lieu de résidence de nombreux artistes, notamment John Singer Sargent, Stevenson et Fanny Osbourne ou les frères Goncourt. Aujourd'hui, la maison appartient à une fondation suédoise qui accueille plasticiens, écrivains ou scientifiques tout en faisant vivre le souvenir du peintre Carl Larsson et du dramaturge August Strindberg, qui ont tous deux résidé sur place (Hôtel Chevillon – 114, rue Wilson. Tél. 06 34 32 09 99, *grez-stiftelsen.se* Ouvert uniquement lors d'événements). Saluons aussi le travail de l'association Artistes du Bout du Monde, qui maintient vivante la mémoire de la colonie d'artistes de Grez.

Fanny Osbourne : un destin extraordinaire

Sa vie est un roman et elle peut sans peine rivaliser avec Stevenson en matière d'aventures ! Originaire d'Indianapolis, aux États-Unis, Fanny Van de Grift est issue d'une famille aisée. À 17 ans, elle se marie avec Samuel Osbourne, qui part chercher de l'or dans le Nevada. Avec leur fille Isobel, elle le rejoint au prix d'un périple via l'isthme de Panama. Après quelque temps dans une ville minière, elle s'installe à San Francisco. Lasse des absences de son mari et souhaitant suivre une formation artistique, elle embarque pour l'Europe. Après un passage par l'académie Julian, à Paris, et la mort tragique de son plus jeune fils, elle rejoint Grez et sa colonie d'artistes. Elle tombe alors sous le charme de Stevenson, de 10 ans plus jeune qu'elle. Au bout de trois ans, son mari la somme de revenir aux États-Unis : elle rentre et divorce. Stevenson la rejoint pour l'épouser, puis embarque avec elle dans de trépidantes aventures qui les mèneront de la Côte d'Azur jusqu'aux îles Samoa. Après la mort de Stevenson, Fanny revient aux États-Unis pour se consacrer à la mise en valeur de l'œuvre littéraire de son défunt mari.

Fanny Stevenson

Sable et grès : ils font la paire

La géologie de la forêt de Fontainebleau est complexe. Déposé il y a 35 millions d'années par les océans, le sable y est omniprésent. De couleur blanche, c'est, dit-on, l'un des plus purs d'Europe ! Utilisé pour la fabrication de la verrerie de luxe - notamment celle de Murano -, il est toujours extrait dans plusieurs sablières. Autre matériau local incontournable : le grès, une roche constituée d'amas de sable consolidés. Il serait ici exploité depuis le Moyen Âge. Sa production s'intensifie à l'époque d'Henri IV avant de décroître à la fin du XIXe siècle. Il a longtemps servi à fabriquer les pavés habillant les rues de France, notamment celles de Paris. Les carriers, qui exerçaient un travail très difficile, ne vivaient pas bien vieux : les accidents étaient nombreux et, surtout, les poussières qu'ils respiraient provoquaient de graves maladies pulmonaires. Pour assurer à leurs veuves et orphelins une existence décente, ils avaient créé une sorte d'assurance-vie rudimentaire.

Le Tacot des Lacs : pour rester sur les rails

Nulle voiture cabossée sur ce discret terrain situé en lisière de forêt et cerné par les étangs. Le Tacot des Lacs, c'est un train de marchandises miniature qui servait à acheminer le sable prélevé dans la forêt de Fontainebleau vers le canal du Loing. Le propriétaire des lieux, passionné par ces véhicules et wagons de collection, a fait naître ici un monde étonnant qui plaira aussi bien aux enfants qu'aux ferrovipathes. Un amusant périple de quelques kilomètres en vieille loco attend les visiteurs en empruntant l'ancienne « voie de 60 » bichonnée depuis des années. L'occasion de traverser des zones naturelles séduisantes entre forêts et étangs.

Chemin de Montcourt aux Chapelottes – Grez-sur-Loing.
Tél. 01 64 28 67 67, *tacot-des-lacs.com* Avr.-nov.
Consulter le site internet pour les jours de circulation.

Le Tacot des Lacs

Bourron-Marlotte : un village mondain

Composé de deux bourgs (Bourron et Marlotte), ce village a également joué un rôle dans l'histoire de l'art. De nombreux artistes – Renoir, Monet, Cézanne… – sont passés par là, notamment à Marlotte, charmant hameau dont les ruelles fleuries sont bordées de belles villas. La maison de la Nicotière, achetée par le fils de Paul Cézanne, fut aussi un lieu de rendez-vous mondain dans les années 1920 : Renoir (le cinéaste), Erich von Stroheim, Foujita (qui passa aussi par Grez), André Derain ou Jacques Prévert y avaient leurs habitudes. La Mairie-musée (possédant 500 œuvres) et l'association des Amis de Bourron-Marlotte entretiennent le souvenir de cette époque. Aujourd'hui, on trouve toujours quelques galeries dans le village, ainsi qu'une belle librairie programmant expos et rencontres.

Maison de la Nicotière – 158, rue du Général- Leclerc. Ne se visite pas. Mairie-musée – 135, rue du Général-de-Gaulle. Tél. 01 64 45 58 50. Lun.-ven. 9h-12h, 14h-17h, sam. 9h-12h. Amis de Bourron-Marlotte : *amisdebourronmarlotte.fr*

L'auberge de la Mère Anthony : un repaire de peintres

À Marlotte, l'excellent restaurant La Papote s'est installé dans l'ancienne auberge de la Mère Antony, repaire de nombreux artistes à la fin du XIXe siècle. Sa patronne avait du caractère et, d'après de nombreux témoignages, l'ambiance y était fort chaleureuse. Auguste Renoir faisait partie des réguliers : il y a même dessiné, à même les murs de l'auberge, la silhouette de l'écrivain Murger. Par la suite, il immortalisa le lieu dans le tableau *L'Auberge de la Mère Anthony*, représentant Madame Anthony elle-même, sa servante Nana ainsi qu'Alfred Sisley. Autre invité de marque : Stevenson ! Mais celui-ci préférait l'ambiance de Grez, plus bohème. En 1905, l'auberge est devenue l'hôtel de la Renaissance, accueillant plutôt les rupins que les rapins.

La Papote – 35 bis, rue Murger, Bourron-Marlotte. *la-papote.com*

Moret-sur-Loing

Moret-sur-Loing

Ses origines remonteraient à l'époque gallo-romaine. Mais cette cité, qui attire depuis longtemps les citadins en quête de pittoresque, conserve de remarquables monuments de l'époque médiévale et de la Renaissance. Vous y pénétrerez par la massive porte de Samois, vestige des puissants remparts. L'agréable place centrale, où les terrasses fleurissent à la belle saison, accueille la maison Racollet : ses colombages surmontés de galeries en bois sculpté ne manquent pas d'allure. Tout comme la délicate façade Renaissance de la « Maison de François Ier », à l'arrière de l'hôtel de ville. Plus haut, l'église de Notre-Dame présente une impressionnante nef gothique ainsi que de remarquables vitraux. Paul Signac l'a croquée sous tous les angles ! Reste encore à découvrir l'ancien pont sur le Loing, bordé par un moulin à eau.

Maison Racollet – 15, rue Grande, Moret-Loing-et-Orvanne.

La Poterne

Cadre irrésistible pour cette petite crêperie nichée dans une maison ancienne littéralement sur le pont de Moret, accolée à la spectaculaire porte de Bourgogne. Crêpes salées et sucrées de bon aloi, servies avec efficacité.

1, rue du Pont National – Moret-sur-Loing. Tél. 01 60 96 91 50.

Y aller : *en train*

Gare de Bourron-Marlotte – Grez-sur-Loing : trains directs depuis Paris-Gare de Lyon avec la ligne R du Transilien (1h, *transilien.com*). Gare de Moret – Veneux-les-Sablons : trains directs depuis Paris-Gare de Lyon avec la ligne R du Transilien (50 min, *transilien.com*).

Y aller : *en bus*

De Melun ou Fontainebleau, la ligne 34 dessert Bourron-Marlotte et Grez. *me-deplacer.iledefrance-mobilites.fr*

Y aller : *en voiture*

Bourron-Marlotte est à 76 km de Paris via l'A6 puis la D607 ; Grez à 79 km.

Informations touristiques :

Sur Grez : *tourisme-paysdenemours.fr*
Sur Moret : *tourisme-gatinaisvaldeloing.fr*

Moret-sur-Loing – Fontainebleau

Localisation : *Pays de Fontainebleau*

Distance : *19 km (env. 4 h 15)*

Office de tourisme de Moret-sur-Loing – cour d'Honneur du château de Fontainebleau

Infos utiles : *Marquage* → GR®11 puis TMF

Carte → IGN 2417 OT

Même si Moret-sur-Loing n'est pas un lieu majeur dans l'épopée stevensonienne, le village mérite largement une visite. D'abord parce que l'Écossais y est passé à plusieurs reprises durant ses séjours autour de Fontainebleau (notamment pour se faire construire une péniche !), mais aussi parce que Moret a inspiré de nombreux artistes, comme Alfred Sisley. Le sentier quitte le village par les bords du Loing, offrant de superbes vues sur ses berges verdoyantes et le village batelier de Saint-Mammès. Après un petit détour par le château-musée de Rosa Bonheur à Thomery, vous rejoindrez la forêt de Fontainebleau en empruntant de larges allées jusqu'au parc du château pour un final spectaculaire !

XXX

Le centre médiéval de Moret-sur-Loing

Évoluant entre le Loing et la forêt, ce sentier offre une grande variété de paysages. Depuis la porte de Bourgogne, vous plongerez sur les berges du Loing et suivrez la rivière pendant un bon moment. La cadre est digne des envoûtantes toiles de Sisley ! Quelques tables permettent même de s'offrir une pause pique-nique. Sachez qu'un agréable détour est possible par le village de Saint-Mammès, que vous voyez sur l'autre rive. À l'orée de la forêt, certains seront tentés de rejoindre le village de Thomery pour visiter le château-musée de Rosa Bonheur. Empruntant le TMF (Tour du Massif de Fontainebleau), le sentier s'engage ensuite sur de longues allées forestières, au cœur de vastes futaies. Au bout du chemin, une splendeur vous attend : le château de Fontainebleau et son parc ! Desservie par les transiliens de la ligne R (ligne Paris-Gare de Lyon – Montargis), la gare de Moret – Veneux-les-Sablons se trouve à 3 km du centre de Moret. Compter environ 55 minutes de trajet depuis la capitale. Il est également possible de rejoindre Thomery via la même ligne de train ou encore Saint-Mammès (ligne Paris Gare de Lyon – Montereau). En voiture, vous rejoindrez facilement Moret depuis Fontainebleau (15 km) ou Grez (13 km). Pour loger, vous trouverez plusieurs hôtels et chambres d'hôtes à Moret ainsi qu'une large gamme d'établissements à Fontainebleau. On pourra également réserver une nuit d'exception dans le ravissant château-musée de Rosa Bonheur. À moins de préférer y prendre le thé ?

Moret-sur-Loing : une étape impressionniste

Passez sous la porte de Bourgogne, traversez le pont et longez la rive vers le Nord. Retournez-vous. La cité de Moret-sur-Loing vous apparaît alors dans toute sa splendeur ! Une impression de déjà-vu ? C'est normal : la ville a été représentée dans quantité de toiles impressionnistes, en particulier celles peintes par Sisley. Après avoir exploré la ville médiévale, suivez les bords du Loing jusqu'aux anciens chantiers navals. Une plaque rappelle que Stevenson a commandé ici une péniche (!) dans le but de compléter sa petite « flotte » alors constituée de deux canoës, *L'Aréthuse* et *La Cigarette*. Mais comme il tardait à payer sa commande, les charpentiers saisirent ses deux embarcations afin de rembourser les frais déjà engagés. Ah, la vie de bohème !

Envie d'une douceur ?

Avant de quitter le village, les gourmands pourront s'offrir un sachet de sucres d'orge de Moret, créés par des sœurs bénédictines en 1638. Installée dans la superbe maison à colombages du Bon Saint-Jacques, la Maison du Sucre d'Orge en propose différentes versions. Face au pont de Moret, un musée retrace même l'histoire gourmande de cette douceur.

La Maison du Sucre d'Orge – place Royale, Moret-Loing-et-Orvanne. Tél. : 01 60 70 24 53.

Le musée du Sucre d'Orge – rue du Pont-National, Moret-Loing-et-Orvanne. Tél. : 01 60 70 41 66.

Halte fluviale sur le canal du Loing, à Moret

Sisley, fou de Moret

Près de 400. C'est le nombre de toiles qu'Alfred Sisley a peintes à Moret ou dans ses environs. Lors de l'exposition impressionniste de 1882, où figurent aussi Monet, Renoir ou Pissaro, 26 de ses œuvres représentaient la région ! Leurs sujets étaient variés : les bords du Loing, la Seine, les monuments emblématiques de Moret, Saint-Mammès, la campagne et la forêt... Ses toiles les plus connues ? *Le Pont de Moret* ou *Bords du Loing,* exposés tous deux au musée d'Orsay. D'origine britannique – mais né à Paris –, Sisley vécut une vingtaine d'années autour de Moret, qu'il fit connaître dans le monde entier. Il repose dans le cimetière du village, sous un gros rocher de grès. Un parcours ponctué de reproductions des toiles du maître impressionniste permet de découvrir les environs en suivant ses pas. L'association Les Amis d'Alfred Sisley vous renseignera sur les différents chemins à suivre (brochure en vente).

Les Amis d'Alfred Sisley – 24, rue Grande, Moret-Loing-et-Orvanne. *lesamisdesisley.my.canva.site, mcpsisley@aol.com*

Le château-musée de Rosa Bonheur

Il faut rejoindre le village de Thomery, situé à une dizaine de kilomètres de Moret, pour trouver le génial château-musée de Rosa Bonheur. Ici, rien ne semble avoir changé depuis le 25 mai 1899, jour de la mort de Rosa Bonheur. Cette peintre animalière était, de loin, la plus célèbre du XIXe siècle. Son succès fut si fulgurant qu'elle put vivre de son art dès ses 14 ans ! Tous les artistes de son époque la tenaient en haute estime. C'est en 1859 qu'elle acheta le château de By, belle demeure du XVe siècle qu'elle transforma afin d'accueillir son vaste atelier. Elle y passa les 40 années suivantes, avant de s'y éteindre. Pour travailler plus facilement, Rosa Bonheur installa dans le jardin une véritable ménagerie composée de dizaines d'animaux, notamment de plusieurs lions. Contemporaine de Stevenson, l'artiste fit beaucoup pour protéger la forêt de Fontainebleau. Katherine Brault, la propriétaire actuelle, a entièrement rénové le lieu pour l'ouvrir au public. Elle y organise aussi de nombreux événements culturels. Quelques chambres et un salon de thé permettent de prolonger la visite.

12, rue Rosa-Bonheur, Thomery. *chateau-rosa-bonheur.fr*
Réservation obligatoire.

Le château de Fontainebleau : « la vraie demeure des rois, la maison des siècles »

Après avoir traversé la forêt de Fontainebleau, le sentier pénètre sans crier gare dans l'immense parc du château. Entre canaux, étangs, bois, prairies, broderies de buis ou alignements de tilleuls, cet espace de 130 ha offre de superbes perspectives. Le Grand Parterre, qui serait le plus vaste jardin à la française d'Europe, a été redessiné au XVIIe siècle par Le Nôtre. Les plus belles vues sur le château s'admirent côté sud, derrière le pavillon de l'étang aux Carpes. D'abord résidence de chasse, le lieu s'impose comme l'une des villégiatures préférées des rois de France, mais aussi des Bonaparte. En venant du Grand Parterre par l'allée de Maintenon, on ne manquera pas de détailler la splendide Porte Dorée, chef-d'œuvre architectural de la Renaissance rythmé d'élégantes loggias superposées. Dans la cour d'Honneur, c'est le magnifique escalier en fer à cheval de 1632 qui impressionne. Très riche, la visite du musée permet de découvrir une partie de ses 1500 pièces, toutes parfaitement meublées et décorées. Appartements royaux ou impériaux, galerie Renaissance François Ier, salle de bal, chapelles, musée Napoléon Ier : que de merveilles !

Place Charles-de-Gaulle. *chateaudefontainebleau.fr* Fermé le mardi.

Y aller : *en train*

Gares de Fontainebleau – Avon, Thomery et Moret – Veneux-les-Sablons : trains directs depuis Paris-Gare de Lyon avec la ligne R du Transilien direction Montargis (45-55 min, *transilien.com*). Gare de Saint-Mammès : trains directs depuis Paris-Gare de Lyon avec la ligne R du Transilien direction Montereau (55 min, *transilien.com*).

Y aller : *en voiture*

Moret-sur-Loing est à 82 km de Paris via l'A6 puis la D607; Fontainebleau à 70 km.

Infos touristiques :

Sur Moret et Thomerys :
msl-tourisme.fr
Sur Fontainebleau :
fontainebleau-tourisme.com

La cour d'Honneur et l'escalier en fer-à-cheval du château de Fontainebleau

Forêt de pins, Fontainebleau

Fontainebleau – Barbizon

Localisation : *Pays de Fontainebleau*

Distance : *13 km (env. 3 h 30)*

Cour d'Honneur du château de Fontainebleau – Mairie de Barbizon

Infos utiles : *Marquage* → *GR®13 puis sentiers bleus 4, 5 et 6*

Une immersion totale dans la forêt de Fontainebleau. C'est ce que propose cet itinéraire empruntant différents types de sentiers (GR®, Denecourt...) entre pinèdes et grands chênes, mares et landes sableuses, clairières et chaos rocheux. En une demi-journée, il permet de découvrir des paysages forestiers éblouissants, mais aussi de revenir sur l'épopée artistique de l'école de Barbizon, à laquelle Stevenson a participé. Depuis les faubourgs de Fontainebleau, via le GR®13, vous rejoindrez les sentiers 4, 5 et 6 tracés au XIXe siècle par Claude-François Denecourt, permettant d'égrener nombre de curiosités naturelles. Inoubliable !

Fontainebleau : les mondains en forêt

L'arrivée du train à Fontainebleau en 1857 ? Une vraie révolution, qui permit aux Parisiens de découvrir facilement les splendeurs d'une forêt vantée par les peintres de Barbizon ou les écrivains. Comme la cour impériale de Napoléon III est friande des rendez-vous bellifontains, la vie mondaine s'y développe. De grandes parties de chasse sont organisées par l'Empereur, comme au temps de François Ier. Il fait également aménager un hippodrome dans la vallée de la Solle, au cœur de la forêt. Le château est rénové et embelli afin d'accueillir les invités du couple impérial. Plusieurs hôtels ouvrent leurs portes en ville et les magasins de souvenirs fleurissent. Par ailleurs, les excursions en forêt se développent : en calèche d'abord et, bientôt, à pied. C'est à cette époque que Denecourt crée son premier guide de randonnée, qui va connaître un succès phénoménal.

L'itinéraire débute face aux grilles de la cour d'Honneur du château de Fontainebleau. Après avoir zigzagué en ville vers l'ouest, on rejoint rapidement la lisière de la forêt. Le siège local de l'ONF signale le véritable départ de cette randonnée de toute beauté qui traverse des terrains très variés. Ne pas manquer la fontaine Sanguinède, isolée en pleine forêt, et la mare aux Ligueurs, à l'ambiance surnaturelle, avant de rejoindre le fantastique chaos rocheux des gorges d'Apremont. Ici, le sentier monte et descend au gré du relief, serpentant entre de gigantesques rochers de grès. À la fin du chemin, on observe les amateurs d'escalade en action, qui s'entraînent ici toute l'année. Ne reste plus alors qu'à emprunter l'allée aux Vaches pour rallier le village de Barbizon. Desservie par les transiliens de la ligne R (ligne Paris-Gare de Lyon – Montargis ou Montereau), la gare de Fontainebleau est la porte d'entrée de la forêt. Compter environ 45 minutes de trajet depuis la capitale. Pour rejoindre Barbizon en transports en commun, il faudra prendre le bus depuis Melun. Le village propose de nombreux logements : l'Hôtellerie du Bas-Bréau, où résida Stevenson, Les Pléiades, ancien atelier du peintre Charles Daubigny, ou l'hôtel L'Esquisse, qui abrite une galerie-musée. Pour manger, on trouve aussi quantité d'établissements à Barbizon comme Le Gaulois sur le Grill, notre préféré.

Le château de Fontainebleau et son parc

Les gorges d'Apremont : un chaos rocheux emblématique

Avec les gorges de Franchard, c'est le paysage le plus célèbre du massif gréseux de Fontainebleau. On y trouve un formidable amoncellement de blocs de pierre, qui paraissent avoir été dispersés par quelque géant. À l'époque de Stevenson, les hauts pins qui dominent aujourd'hui l'ensemble n'existaient pas ; c'est pourquoi on parlait alors de « désert d'Apremont ».

On prend plaisir à cheminer dans cet univers à la fois sauvage et envoûtant. Partout, les sentiers grimpent et tournicotent entre les roches, mousses et fougères, toujours sous le couvert des pins. De jolis points de vue sur la forêt et les chaos rocheux récompensent ceux qui grimpent vers les points les plus élevés du sentier Denecourt n° 6.

Claude-François Denecourt : créateur de sentiers

Ancien soldat de l'armée napoléonienne, Denecourt est muté à Fontainebleau en 1832. Tombé amoureux de sa forêt, il entreprend de la faire connaître aux visiteurs en publiant un petit guide accompagné d'une carte. Son ouvrage sera republié 11 fois ! Mais cela ne lui suffit pas. Il se lance dans un projet novateur : tracer un ensemble de sentiers qui sillonneront la forêt en tous sens pour en découvrir les curiosités. Il baptise 600 arbres et 700 rochers afin de mieux les repérer et n'hésite pas à « aménager » fontaines, mares et grottes pour agrémenter la balade tout en inventant quelques légendes. Les fameux sentiers Denecourt sont nés ! Surnommé « le sylvain de la forêt » par Théophile Gautier, il est considéré comme l'un des pionniers de la randonnée pédestre.

Dans les gorges d'Apremont

Barbizon : une colonie d'artistes

On doit à une poignée de peintres la «découverte» du village de Barbizon. Parmi eux, Corot est certainement le plus important. À la recherche de paysages originaux, il arrive dans la région dès 1822 et tombe sous le charme de Barbizon, situé à l'orée de la forêt de Fontainebleau. Peignant ici sur le motif, il fait découvrir le village à Jean-François Millet et à Théodore Rousseau, qui font le choix de s'installer sur place. Avec l'ouverture de la ligne ferroviaire Paris-Melun en 1849, les artistes affluent dans cette «colonie» où flotte un esprit créatif. Une première exposition sur ce que l'on ne nomme pas encore l'école de Barbizon est organisée dès 1867. Le succès des lieux ne se démentira plus, attirant des visiteurs du monde entier comme... Stevenson.

Mosaïque représentant L'Angélus *de Jean-François Millet*

Hôtellerie du Bas-Bréau : ici vécut Stevenson

Quand l'écrivain écossais arrive à Barbizon en 1875, l'auberge Ganne a fermé. Il s'installe donc à la pension Siron, où une petite colonie de peintres réside déjà. Ouverte par un couple généreux, cette «caserne d'artistes» offre un lieu de résidence aussi familial que bohème. Stevenson va y passer des moments inoubliables, comme il le raconte dans ses *Forest Notes*. Après une journée à marcher, peindre ou écrire, les pensionnaires se retrouvent autour d'un bon repas servi par Madame Siron avant de refaire le monde autour d'une bouteille de vin. Par la suite, le lieu devient l'auberge des Expositions, où les œuvres des artistes du village sont présentées; puis se transforme en Hôtellerie du Bas-Bréau, établissement de luxe qui va accueillir des hôtes de marque comme l'empereur Hirohito, Jacques Brel ou François Mitterrand.

22, Grande-Rue, Barbizon.

Jean-François Millet : le génie de Barbizon

Le circuit des peintres permet d'égrener les lieux emblématiques du village, notamment la maison-atelier de Jean-François Millet. Il y vécut et travailla de 1849 à 1875, parachevant ici nombre de ses chefs-d'œuvre comme *L'Angélus*, esquissé dans un champ à la sortie du village. La maisonnette accueille aujourd'hui un modeste musée présentant de jolis dessins et gravures du maître ainsi que diverses toiles de peintres de son époque. Millet repose dans le cimetière du village voisin de Chailly-en-Bière, aux côtés de son ami Théodore Rousseau.

Maison-atelier de Jean-François Millet – 27, Grande-Rue, Barbizon. Tél. 01 60 66 21 55, *musee-millet.com*

Hôtel L'Esquisse

Cet établissement ne manquera pas de vous séduire. Élégantes et confortables, ses chambres à la déco contemporaine se répartissent autour d'un plaisant jardin. Mais ce qui fait vraiment la différence ici, c'est la galerie-musée installée au rez-de-chaussée, exposant de nombreuses toiles de l'école de Barbizon et des autres colonies d'artistes créées en Europe sur le même modèle.

73, Grande-Rue, Barbizon.
Tél. 01 85 45 01 00, *lesquissebarbizon.fr*

L'auberge Ganne, à Barbizon

Théodore Rousseau : un peintre en forêt

Amoureux de Barbizon, l'artiste s'installe définitivement dans le village en 1847 et y reste jusqu'à sa mort, en 1867. Sa maisonnette accueille aujourd'hui des expos temporaires sur son œuvre ou l'école de Barbizon. Théodore Rousseau était l'un des plus grands paysagistes de son temps, précurseur des impressionnistes. Inspiré par Constable et les maîtres du siècle d'or néerlandais, il arpentait la forêt à la recherche de sujets pour ses peintures, « fouillant le visible ». Contrairement à Millet, il n'incluait que très rarement des personnages, se contentant de représenter la nature. Il fut d'ailleurs un pionnier dans la défense de la forêt de Fontainebleau, obtenant même la création de la première « réserve artistique ».

Maison-atelier de Théodore Rousseau – 55, Grande-Rue, Barbizon, *musee-peintres-barbizon.fr* Payant.

L'auberge Ganne : dans l'histoire de l'art

À partir des années 1820, les Ganne accueillent dans leur ancienne épicerie les premiers artistes en visite à Barbizon. Peu à peu, le lieu devient un rendez-vous incontournable pour les jeunes peintres en rupture avec l'académisme en cours à Paris. Une microsociété bohème se forme entre les murs de l'auberge : certains artistes payent même leurs séjours en peignant sur les murs ou les meubles. Le musée aménagé ici reconstitue une partie du décor de l'auberge, comme la salle à manger. À l'étage, où se situaient les anciennes chambres-dortoirs, on admire des peintures et dessins d'artistes de Barbizon comme Corot, Millet, Rousseau ou Diaz de la Peña.

Musée départemental des peintres de Barbizon – 92, Grande-Rue, Barbizon. Tél. 01 60 66 22 27, *musee-peintres-barbizon.fr* Payant.

Le Gaulois sur le Grill

Un bistrot simple et chaleureux qui fait la part belle aux bonnes pièces de viande et aux plats canailles : œuf en meurette à la crème d'asperges, andouillette AAAAA ou ris de veau sauce morilles. Terrasse sur la grande rue de Barbizon, idéale pour profiter de l'animation.

64 bis, Grande-Rue, Barbizon.
Tél. 01 64 52 35 04.

Y aller : *en train*

Gare de Fontainebleau-Avon : trains directs depuis Paris-Gare de Lyon avec la ligne R du Transilien (45 min, *transilien.com*).

Y aller : *en bus*

Depuis Melun (ligne R du Transilien), la ligne 19 dessert Barbizon. *me-deplacer.iledefrance-mobilites.fr*

Y aller : *en voiture*

Fontainebleau est à 70 km de Paris via l'A6 puis la D607 ; Barbizon se trouve à 10 km à l'ouest de Fontainebleau.

Informations touristiques :

Sur Fontainebleau et Barbizon : *fontainebleau-tourisme.com*

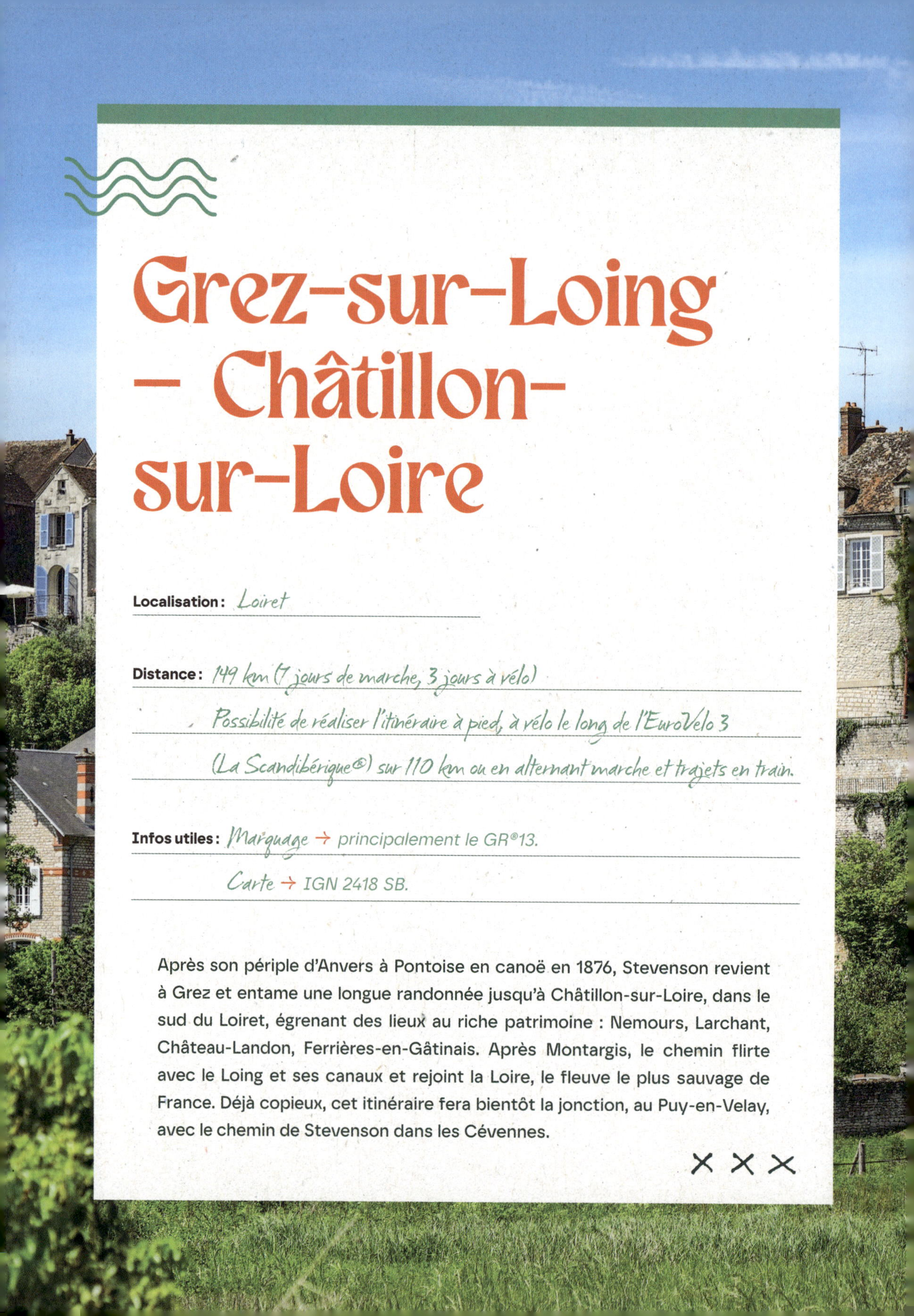

Grez-sur-Loing – Châtillon-sur-Loire

Localisation : *Loiret*

Distance : *149 km (7 jours de marche, 3 jours à vélo)*
Possibilité de réaliser l'itinéraire à pied, à vélo le long de l'EuroVélo 3 (La Scandibérique®) sur 110 km ou en alternant marche et trajets en train.

Infos utiles : *Marquage* → principalement le GR®13.
Carte → IGN 2418 SB.

Après son périple d'Anvers à Pontoise en canoë en 1876, Stevenson revient à Grez et entame une longue randonnée jusqu'à Châtillon-sur-Loire, dans le sud du Loiret, égrenant des lieux au riche patrimoine : Nemours, Larchant, Château-Landon, Ferrières-en-Gâtinais. Après Montargis, le chemin flirte avec le Loing et ses canaux et rejoint la Loire, le fleuve le plus sauvage de France. Déjà copieux, cet itinéraire fera bientôt la jonction, au Puy-en-Velay, avec le chemin de Stevenson dans les Cévennes.

Château-Landon

Long de près de 150 km, cet itinéraire peut être abordé de différentes manières. À pied, bien entendu, à la manière de Stevenson, en faisant étape à Nemours, Château-Landon, Ferrières-en-Gâtinais, Montargis, Châtillon-Coligny, Ouzouer-sur-Trézée et Châtillon-sur-Loire. Mais aussi à vélo, le long de l'EuroVelo 3 sur sa section française. Prévoyez alors environ 3 jours pour venir à bout des 110 km de pistes qui séparent Grez-sur-Loing de Rogny-les-Sept-Écluses. La dernière solution consiste à alterner la marche et le train : plusieurs gares sont desservies par les Transiliens de la ligne R (reliée à Paris–Gare de Lyon) comme Grez, Nemours, Souppes-sur-Loing, Ferrières-en-Gâtinais ou Montargis. Au départ de Grez, le sentier s'enfonce d'abord au cœur de la forêt de Fontainebleau en suivant le GR®13. Il pénètre dans le Gâtinais à partir du village de Larchant avant de rejoindre Nemours et le Loing. Après avoir traversé les jolis villages médiévaux de Château-Landon et Ferrières-en-Gâtinais, il remonte le Loing et ses canaux jusqu'à la Loire. Pour loger, on pourra s'installer sans peine à Nemours, Château-Landon, Ferrières-en-Gâtinais ou Montargis, qui tous comptent des chambres d'hôtes de qualité. Pour manger, des restaurants vous attendent à chaque étape.

Le chaos rocheux de la Dame Jouanne

Larchant : entre abbaye et forêt

Qu'il a fière allure, le village concentrique de Larchant, toujours dominé par la splendide basilique Saint-Mathurin, aux dimensions impressionnantes ! Si une partie de la nef est aujourd'hui en ruine, sa partie restaurée présente toujours de splendides voûtes nervurées de style gothique, notamment dans la chapelle de la Vierge Marie. Depuis le Moyen Âge, l'édifice est le but d'un pèlerinage dédié à saint Mathurin, un natif du village qui aurait eu le pouvoir de guérir les fous. Mais Larchant est surtout connu pour sa forêt, où s'élèvent d'extraordinaires chaos rocheux de grès. Ceux de la Dame Jouanne ou de l'Éléphant attirent des amateurs d'escalade venus du monde entier ! Non loin, le marais de Larchant, aux paysages aquatiques de toute beauté, a été classé réserve naturelle régionale.

Nemours : une ville à la campagne

Gentille bourgade dominée par la flèche de l'église Saint-Jean-Baptiste, Nemours est baignée par le Loing. Son puissant château-musée vaut assurément le détour avec ses remarquables collections de beaux-arts, comme ces délicates estampes de Corot ou de Manet, tous deux familiers du coin. Et le musée de Préhistoire d'Île-de-France ? Niché dans un bâtiment moderne construit à l'orée de la forêt, il s'avère tout aussi intéressant. Avant de quitter Nemours, prenez le temps de flâner sur les rives du Loing, bordées d'élégantes villas Belle Époque.

Ferrières-en-Gâtinais : petite cité de caractère

Partout, de jolies maisons médiévales ou Renaissance, des ruelles pavées, des jardins fleuris ou de petites places tranquilles où il fait bon siroter un verre de jus de fruits du cru. Le centre ancien de Ferrières, charmant village du Gâtinais, invite à la flânerie. Appartenant à un ancien ensemble conventuel, l'abbatiale Saint-Pierre-et-Saint-Paul mérite une halte pour son chœur voûté et ses grandes baies illuminant la nef. Tout comme la Maison des Métiers d'Art qui regroupe de talentueux artisans d'art.

Maison des Métiers d'Art – 18, Grande-Rue, Ferrières-en-Gâtinais. Tél. 02 38 26 04 05.

Château-Landon : le Rocamadour du Gâtinais

Perché sur un éperon rocheux, ce pittoresque village médiéval domine superbement la vallée du Fusain. Le village est célèbre pour sa pierre calcaire, qui a servi à la construction de nombreux monuments parisiens comme l'Arc de Triomphe ou le pont Alexandre III. Il faut sillonner l'adorable centre ancien, joliment rénové et mis en valeur, pour découvrir l'ancienne abbaye royale de Saint-Séverin, affublée d'une étonnante tourelle de défense. Un décor enchanteur qui a inspiré à Stevenson une amusante nouvelle empreinte de merveilleux, *La Porte du Sire de Malétroit*, publiée en 1878. Au bas de la ville, le parc paysager de la Tabarderie et la zone humide des Prés Patouillats s'atteignent par un sentier bucolique.

Le pont-canal de Briare

En route vers la Loire

Depuis Ferrières-en-Gâtinais, la route est encore longue jusqu'à Châtillon-sur-Loire. Les plus pressés pourront opter pour le vélo afin de gagner du temps. Il serait toutefois dommage de ne pas profiter des superbes paysages qui se déploient tout au long du chemin. Stevenson avait adoré ce réseau de canaux et rivières reliant la Loire à la Seine, aménagé dès le XVIIe siècle pour transporter le bois. En filant vers le sud, on croise un grand nombre d'ouvrages hydrauliques : les sept écluses de Rogny, le pont-canal de Briare, l'écluse de Mantelot… En chemin, Montargis prend des airs de Venise avec ses 131 ponts et passerelles. La fin de l'itinéraire se trouve à Châtillon-sur-Loire, où Stevenson passa quelques heures… en prison ! Il fut accusé de vagabondage par la maréchaussée, qui eut toutes les peines du monde à comprendre pourquoi il avait marché tant de kilomètres. Ah, ces écrivains…

Auberge de la Dame Jouanne – Le Chalet Jobert

Établie en pleine forêt, cette auberge régale les promeneurs depuis 1945. Au menu, de bonnes viandes régionales (essayez donc la côte de cochon, très fondante), que l'on fera suivre d'un fontainebleau aux fruits rouges. Une pause agréable après avoir exploré la forêt ou grimpé sur les rochers de la Dame Jouanne.

Forêt de la Commanderie, 8, rocher de la Dame-Jouanne, Larchant.
Ouv. tte l'année ; le midi du mer. au dim. plus le soir les ven. et sam.

Y aller : *en train*

Gares de Grez-sur-Loing, Nemours, Souppes – Château-Landon et Ferrières-en-Gâtinais : trains directs depuis Paris-Gare de Lyon avec la ligne R du Transilien (*transilien.com*).

Y aller : *en bus*

De Melun ou Fontainebleau, la ligne 34 dessert Grez-sur-Loing et Château-Landon.
me-deplacer.iledefrance-mobilites.fr

Y aller : *à vélo*

L'EuroVelo 3 relie quasiment toutes les villes de cet itinéraire ; parfois, un léger détour est à prévoir.

Y aller : *en voiture*

Grez est à 79 km de Paris via l'A6 puis la D607 ; Châtillon-sur-Loire à 170 km.

Infos touristiques :

Grez, Nemours et Larchant : *tourisme-paysdenemours.fr*

Château-Landon : *tourisme-gatinaisvaldeloing.fr*

Ferrières-en-Gâtinais : *tourisme-ferrieres-loiret.fr*

Montargis : *tourisme-montargis.fr*

Le sud de l'itinéraire : *tourismeloiret.com*

Robert Louis Stevenson

Par Marc Porée

1850 → Naissance à Édimbourg. Sa mère, Margaret Balfour, trop souffrante pour s'occuper de lui, le confiera aux soins de nourrices, dont Alison Cunningham (surnommée « Cummy »). Thomas Stevenson, son père, est constructeur de phares, comme l'était déjà son propre père, Robert, le grand-père de l'écrivain.

Enfant souffreteux, Louis subira les railleries de ses camarades d'école. Très tôt, il compose récits, poèmes, nouvelles, dictés à sa mère et publiés, pour certains, par son père.

1863-1864 → Premiers séjours sur la Riviera. Pendant l'été, Louis accompagne Thomas lors d'une tournée d'inspection sur la côte de la Fife. Il rédige une revue où il imagine des histoires de pirates et d'aventuriers dans les mers du Sud.

1867-1869 → Études d'ingénieur à l'université d'Édimbourg. Les bas-fonds de la ville n'ont plus de secrets pour celui qu'on surnomme « Veste de velours ». Son père l'emmène dans les Orcades et les Shetlands.

1870 → Premier séjour sur l'îlot d'Erraid, dans les Hébrides. Thomas s'oppose à son projet de mariage avec une prostituée.

1871-1872 → Entame des études de droit, réussit l'examen d'entrée au barreau, mais sombre dans la dépression. Second séjour sur Erraid.

1873 → Annonce qu'il a perdu la foi et qu'il compte se consacrer exclusivement à la littérature, suscitant la fureur de Thomas. Passe l'hiver à Menton.

1874 → Se rend à Paris, où il retrouve son flamboyant cousin Bob. Nombreuses pérégrinations entre la côte ouest de l'Écosse, l'Angleterre et le pays de Galles.

1875 → Bob lui fait découvrir Barbizon et sa colonie de peintres. Retour à Édimbourg, pour ses débuts comme avocat.

1876 → Chassé de la demeure paternelle, il entreprend avec Walter Simpson un voyage en canoë par les canaux et les rivières du Nord, depuis Anvers. En septembre, fait la connaissance de Fanny Osbourne, une Américaine de 10 ans plus âgée que lui, qui vit séparée de son mari. Il la suit à Paris.

1877-1878 → Rêve de fonder une communauté bohème à bord d'une péniche, baptisée *Les Onze Mille Vierges de Cologne*. Atteint de conjonctivite purulente, il est rapatrié à Édimbourg. Fanny rentre en Amérique. De retour sur le sol français, il randonne dans les Cévennes avec Modestine.

1879 → Embarquement pour l'Amérique à l'insu de ses parents. Rejoint non sans mal Fanny en Californie.

1880 → Premières graves hémorragies, signe d'une tuberculose avancée. Ses parents consentent enfin au mariage avec Fanny. En août, le couple embarque pour Liverpool. On prescrit à Louis un séjour à Davos.

1881 → Le couple quitte la Suisse pour Barbizon, puis Édimbourg. Séjour dans les Highlands, où Louis se rétablit. Rédige *Treasure Island*, qu'il achève à Davos.

1882-1883 → Séjourne dans le midi de la France, à Hyères, où le couple passera seize mois, mais les hémorragies reprennent. Réconciliation avec son père.

1884-1886 → Le couple s'installe à Bournemouth, dans le sud de l'Angleterre. Les soucis de santé s'y succèdent sans discontinuer. En avril 1885, Thomas fait don à Fanny du cottage de Skerryvore House. En 1886, immense succès remporté par *L'Étrange Cas du Dr Jekyll et de M. Hyde*.

1887 → Mort de son père. En août, le couple embarque pour l'Amérique, où l'accueil est triomphal. Ils passent l'hiver dans les monts Adirondacks, où *Le Maître de Ballantrae* est mis en chantier.

1888 → Départ pour le Pacifique depuis San Francisco, à bord du *Casco*. Escales aux îles Marquises, à Tahiti et à Hawaii.

1889 → Aux Samoa, sur l'île d'Upolu, il achète une vingtaine d'hectares en friche, dont Fanny fera une belle propriété appelée « Vailima », ou « la maison des cinq rivières ».

1891-1893 → Se sachant condamné, Stevenson écrit sans relâche, tout en s'impliquant fortement dans la politique locale. Il prend fait et cause pour le roi Mataafa et plaide en sa faveur auprès du Foreign Office.

1894 → Stevenson meurt d'une crise d'apoplexie à Vailima. Il est enterré au sommet du mont Vaea, conformément aux dernières volontés de celui que les Samoans surnommaient « Tusitala », le « conteur d'histoires ».

Les rivières canaux du Nord

En 1876, Stevenson s'engage dans un périple insolite au fil de l'eau. Entre Anvers et Pontoise, il parcourt à la rame l'Escaut, la Sambre et l'Oise et leurs canaux associés. De cette expérience, il tire son premier récit de voyage : *En canoë sur les rivières du Nord*. Un siècle et demi plus tard, nous vous proposons de vous placer dans son sillage. Oubliez toutefois la pagaie! Vous suivrez sa trace à vélo le long des voies cyclables et des routes secondaires qui sillonnent les Hauts-de-France. Un chemin de quiétude de 275 km qui raconte les grandes et les petites histoires de la région et dévoile des trésors naturels insoupçonnés.

Le moulin de Maroilles

S et

Anvers
Bruges
Dunkerque
Calais
BELGIQUE
Bruxelles
Lille
Charleroi
Pont-sur-Sambre
Maubeuge
Forêt de Mormal
Landrecies
Ors
Maroilles
Vadencourt
Guise
Route Stevenson
Moÿ-de-l'Aisne
FRANCE
Tergnier
La Fère
Noyon
Quierzy
Forêt de Laigue
Longueil-Annel
Compiègne
Pont-Sainte-Maxence
Creil
Massif des Trois Forêts
L'Isle-Adam
Beaumont-sur-Oise
Auvers-sur-Oise
Pontoise
N
O
E
S

Pont-sur-Sambre

À travers les Hauts-de-France à vélo

Dans le sillage du canoë de Stevenson

« Tu sais, je passe près de 120 heures par semaine à mon poste. À ce tarif-là, c'est plus un métier, c'est une vocation ! Pour faire ça, il faut forcément être curieux de l'autre. Il faut aimer l'humain. » Derrière le comptoir, Mouloud se livre sans faux-semblant, le verbe haut et la franchise en bandoulière. Il tutoie sans distinction tous ceux qui franchissent le pas de la porte de son hôtel-resto. Peut-être un peu par mépris de l'étiquette, mais surtout pour faire tomber les barrières.

À l'heure d'Airbnb et des check-in automatisés, l'hôtelier-restaurateur entretient avec ferveur la tradition de l'hébergement incarné. Dans son établissement, le dernier encore ouvert dans la commune de Guise, il accueille ouvriers, représentants de commerce et touristes de passage avec la même familiarité bienveillante. « Bien sûr, parfois, c'est difficile. Des gens abusent au bar, il y a des dégradations dans les chambres. Mais la plupart du temps, je suis récompensé par de belles rencontres. Les gens viennent de milieux et de pays différents. J'ai des Anglais, des Allemands, des Américains. Moi, je ne bouge pas, mais le monde entier vient à moi », s'enthousiasme-t-il en m'apportant un thé et un croissant.

Et pour appuyer son discours, il me lance en déposant une enveloppe sur la table : « Tiens, regarde ! C'est une lettre d'un couple de Hollandais... Ils ont traversé la France à vélo il y a 40 ans. Ils avaient fait étape ici à l'époque et ils veulent revenir en pèlerinage dans un mois. Ils ont même mis une vieille photo de leur passage. C'est pas une belle histoire, ça ? » J'approuve d'un hochement de tête en finissant ma tasse. Mouloud enchaîne.

« Vous, les cyclistes, je vous aime bien. Souvent, vous fanfaronnez en annonçant que vous allez partir très tôt pour avaler du kilomètre. Mais vous vous sentez si bien ici, qu'en milieu de matinée vous n'avez toujours pas décollé ! » Je jette un coup d'œil discret à ma montre. Difficile de lui donner tort. Il est près de 10 heures et j'achève à peine mon petit déjeuner. Mais après tout, la route peut attendre. Le voyage se nourrit aussi de ces instants où l'on fait d'un inconnu un ardent compagnon de discussion, un confident éphémère. Le vélo est un formidable instrument pour observer le monde. Mais pour vraiment en saisir toutes les nuances, il faut savoir s'arrêter pour l'écouter parler.

Le voyage se nourrit aussi de ces instants où l'on fait d'un inconnu un ardent compagnon de discussion, un confident éphémère.

Pour être honnête, je nourrissais au sujet de Maubeuge quelques solides clichés. Lorsque je débarque à la gare, les éléments semblent déterminés à m'enferrer dans mes croyances. Une averse torrentielle s'abat sur la ville, coulant sur l'horizon une chape opaque et sinistre. Ruisselant, je pédale comme dans une photo en noir et blanc jusque dans les faubourgs de la localité où j'ai réservé une chambre dans un motel pour passer la nuit. J'ironise nerveusement, en me débarrassant de mes vêtements de route : « Bienvenue chez les Ch'tis ! » Me voilà déjà trempé alors que mon périple n'a pas encore commencé.

Peu de gens jettent leur dévolu sur ce recoin de l'Hexagone pour venir faire du vélo. Le tourisme cyclable, j'en suis persuadé, a pourtant du potentiel dans la région. En traversant les Hauts-de-France à la force des mollets, des confins du département du Nord à la lisière de l'Île-de-France, j'espère battre en brèche mes propres stéréotypes et faire jaillir, au-delà des murs en brique et des nuages gris, un peu d'exotisme et de féerie.

Je peux compter pour cela sur deux outils. Mon vélo, tout d'abord.

Sans habitacle, la bicyclette offre un contact rapproché avec le paysage. Elle invite à ralentir, à changer de point de vue.

Elle redonne à l'environnement ses véritables dimensions et le laisse exprimer toute sa superbe. Oui, en selle, peu importent les lieux, peu importe la distance, l'ordinaire rayonne toujours d'un éclat singulier.

J'ai pour second allié la littérature. Stevenson, en particulier. En entreprenant ce périple, je roule dans le lointain sillage de l'auteur écossais. En 1876, l'écrivain, alors âgé de 26 ans, s'engage sur les canaux et les rivières du Nord en compagnie de son camarade Walter Simpson. Les deux jeunes hommes naviguent sur des canoës ou plutôt des périssoires, sorte de canots en bois à fond plat, entre Anvers, en Belgique, et Pontoise. De cette échappée au fil de l'eau, Stevenson tirera son premier livre : *An Inland Voyage* (*En canoë sur les rivières du Nord*, traduit par Léon Bocquet, Actes Sud, 1994). Ce bref ouvrage narre la progression à coups de pagaie du duo britannique à travers la campagne française du XIXe siècle. Je compte bien remonter le temps à grands coups de pédale et retrouver leur trace 150 ans plus tard !

Sous un ciel radieux, Maubeuge a bien meilleure mine. Les premiers rayons du soleil font étinceler les pelouses figées par le gel. Sur les pavés des fortifications de la porte de Mons, je monte en selle et me laisse glisser jusqu'à la Sambre, que longe la véloroute 31. Des usines à la toiture en dents de scie surplombent la rivière et crachotent sur les rives des bouffées de vapeur. Mais bien vite, la voie cyclable s'échappe de ces faubourgs industrieux pour plonger dans un long couloir végétal hérissé de saules et d'herbes folles. Le cours d'eau canalisé sursaute de temps à autre au passage des écluses. Celle d'Hautmont, puis celle de Pont-sur-Sambre. Les péniches se font rares. À Sassegnies, toutefois, je rattrape une embarcation de plaisance. À bord, un couple de Suisses parti de Belgique. « La rivière est à nous ! claironnent-ils. On n'attend même pas aux écluses. On a une télécommande qui permet de déclencher le dispositif à l'avance. » Malgré tout, je les prends de vitesse. Le bateau, plus encore que le vélo, est un hymne à la lenteur.

Le chemin de halage n'est plus qu'une sente étroite et boueuse qui trottine à travers le bocage. Quelques vaches curieuses s'enfoncent dans l'eau jusqu'à mi-pattes pour me regarder passer. Une étincelle d'opaline zèbre soudainement mon champ de vision. Un martin-pêcheur fuse comme une torpille et brise la surface de la rivière. Depuis combien de temps n'avais-je pas observé le manège fabuleux de cet oiseau coloré ? Voilà le pouvoir du vélo, il déverrouille l'accès à ce genre de lieux. Des îlots de nature insoupçonnés auprès desquels on peut voguer paisiblement en solitaire, immergé dans le paysage, jusqu'à déceler ses moindres variations et ses trésors les plus subtils.

Stevenson aurait-il aimé pédaler ? Sans doute aurait-il trouvé avec le vélo un instrument de choix pour cueillir la liberté épurée du grand dehors et provoquer les rencontres.

Mais il a préféré le canoë et encore davantage la marche. Et pourtant, certains de ces contemporains exploraient déjà le globe à la force des mollets. À l'image de son compatriote et quasi-homonyme, Thomas Stevens, qui dès 1884 s'élançait pour un tour du monde en grand bi.

« [...] cette localité était une forteresse du grand système militaire de l'Europe et il se pourrait qu'un jour futur, entourée de la fumée et du grondement des canons, elle s'acquît un renom parmi les places fortes », écrivait Stevenson, funestement visionnaire, au sujet de Landrecies. Début novembre 1918, la petite cité militaire, aux portes de l'Avesnois, est libérée de l'occupation allemande dans la fureur de combats meurtriers. Les bombardements intenses anéantissent en grande partie la ville. En guise de reconnaissance, la commune martyre obtient la Croix de Guerre.

La campagne qui borde les rives de la Sambre est restée globalement fidèle aux descriptions de *An Inland Voyage*. La Première Guerre mondiale a, toutefois, laissé des séquelles indélébiles dans les âmes et le paysage. Partout, depuis mes premiers tours de roue, les cimetières militaires, les monuments aux morts, les mémoriaux entretiennent le souvenir de ce conflit sans précédent qui a marqué la face du monde et dévasté la région.

Dans le bocage de l'Avesnois

Martin-pêcheur sur la Sambre

Deuxième jour de vélo. En début de matinée, je rejoins le tracé de l'EuroVelo 3, à hauteur de Macquigny. L'Oise supérieure, étroite, mais encore tumultueuse et sauvage, slalome à travers de gras pâturages. Agitée par les courants contraires, la rivière semble se débattre pour franchir l'enchevêtrement de branchages qui encombre son lit. Sur ce secteur, Stevenson a frôlé la noyade. Tentant de passer sous un tronc qui, déjà, obstrue le cours d'eau, il reste accroché à l'obstacle, prisonnier des remous, alors que son embarcation continue sa course. Est-ce bien là le théâtre de sa mésaventure ? Oui, tout correspond. Le méandre resserré, la végétation dense... Son récit prend corps dans ma réalité. Je tourne les jambes comme je tourne les pages et ses mots s'animent sur mon passage.

Dans le canal de la Sambre à l'Oise, l'eau s'écoule sans heurt, plate et domptée. À perte de vue, cette route liquide fend les champs en ligne droite. Pour briser la monotonie de ma progression, je m'accorde un pas de côté dans les villages où Stevenson et Simpson ont fait halte. À chaque fois, c'est l'occasion de pédaler entre les lignes, de guidonner au fil de l'histoire. À Moÿ-de-l'Aisne, je retrouve la trace du Mouton d'Or, où les deux compères se sont régalés d'une délicieuse perdrix au chou. L'établissement a baissé le rideau depuis longtemps, mais le bâtiment est toujours debout. Faute de pouvoir m'attabler, je retourne au canal. Alors, filant sans effort le long de cet interminable ruban aquatique, je plonge dans une douce rêverie peuplée de ragondins, de hérons et de grèbes huppés. La mécanique des coups de pédale est pareille à celle des coups de pagaie. Stevenson leur prêtait les effets du laudanum. Et je dois reconnaître qu'il n'était pas loin de la vérité.

Les deux héros de *An Inland Voyage* ont donné un nom à leurs embarcations. *La Cigarette* et *L'Aréthuse*, deux sobriquets par lesquels les voyageurs se désignent finalement eux-mêmes comme s'ils ne formaient plus qu'un avec leur bateau. J'ai toujours refusé de faire de même avec mon vélo. À mes yeux, il n'est qu'un outil, au mieux un instrument. Quel artisan baptise son marteau, quel musicien appelle son piano ? Et pourtant, cela ne m'empêche pas de faire corps avec ma machine anonyme. En cette troisième journée de voyage, je navigue dans les profondeurs de la forêt de Laigue. J'ai pris la tangente sur un layon boueux qui furète sous la frondaison épaisse des chênes sessiles. Le chant saccadé de l'invisible coucou a remplacé les klaxons des oiseaux de rivière. Si, hier, les rives du canal me déroulaient un tapis rectiligne sans la moindre aspérité, ce matin, les sous-bois émaillent ma progression de traversées de ruisseaux et de franchissements d'arbres morts. J'avance le vélo sur l'épaule, pataugeant jusqu'aux mollets. Mais je me réjouis de cette soudaine condition de sanglier. Ce détour sylvestre renouvelle le paysage. Il m'ouvre les portes de clairières secrètes où, sous la lumière timide, s'épanouissent des parterres entiers de jacinthes sauvages.

*J'étais en quête de féerie.
La voici qui s'anime dans la moiteur
de cette forêt de Picardie.*

En canoë dans le sillage de Stevenson

Ce sont les eaux qui dictent mon parcours. Alors, après cette parenthèse boisée, je reflue vers le canal latéral à l'Oise. La commune de Longueil-Annel a poussé comme un champignon peu après le percement de l'ouvrage au début des années 1830. Avec la révolution industrielle, les besoins en charbon et en matières premières explosent. Jusqu'à 200 péniches patientent chaque soir pour passer l'écluse. Aujourd'hui, le trafic a considérablement ralenti. Mais l'esprit des mariniers flotte toujours sur la ville. Au bord de l'eau, un musée, baptisé la Cité des Bateliers, raconte l'épopée du transport fluvial. Raymond, 80 ans, dont 40 à bord d'un bateau de 38 m de long, assure la visite. « J'ai parcouru la France, la Belgique, les Pays-Bas, l'Allemagne par la voie des eaux. Parfois, il faut patienter une journée entière pour franchir un enchaînement d'écluses. La batellerie, c'est une autre notion du temps », me confie-t-il. Ce n'est pas pour autant un mode de transport du passé. Plus durable que la route, le secteur connaît un regain d'activité depuis quelques années. « Un bateau permet de remplacer jusqu'à 200 camions. On transporte du sable, des engrais, des céréales, mais aussi des pièces trop volumineuses pour être acheminées par la route, comme des éoliennes, des éléments de fusée ou des rouleaux de métaux pour l'industrie automobile. »
L'univers des mariniers s'est métamorphosé depuis l'époque des haleurs à la bricole. Avant la démocratisation du moteur à vapeur, ces travailleurs de force, munis d'un harnais, tractaient les embarcations depuis les chemins de halage les plus étroits. Cadence : 800 m par heure…

À la sortie de Compiègne, je rencontre un forçat d'un nouveau genre. À la faveur d'une des rares bosses de la région, je prends la roue d'un cycliste équipé, comme moi, de sacoches minimalistes. À ma grande surprise, des photographes surgissent sur le bas-côté et nous mitraillent. Un drone vrombit au-dessus de nos têtes. Sans le savoir, je me suis placé dans le sillage de Damien Vuillier, un spécialiste de l'ultra-endurance. Il achève la Race Across Paris, une épreuve de 1 000 km qu'il a déjà remportée l'an passé en 44 heures. Malgré l'épuisement, il file de nouveau vers la victoire. « Je n'ai dormi qu'une heure depuis le départ », me souffle-t-il dans un état second. Je l'accompagne quelques kilomètres, puis le laisse disparaître dans l'épaisseur du massif des Trois Forêts. Serait-il d'accord avec Stevenson qui, au terme de *An Inland Voyage*, affirme que « les plus belles aventures ne sont point celles que l'on va chercher au loin » ?

Pour ma part, je me laisse porter encore par le cours de l'Oise qui s'est considérablement élargi depuis notre première rencontre. En toile de fond défilent des quais de chargement et les arrière-cours de grands sites industriels. Je vogue ainsi jusqu'au sud de Creil. Tel un marin d'eau douce, j'ai suivi les petites rivières et les canaux. Je n'en ai pas moins accompli une grande traversée. Ici s'arrêtent les Hauts-de-France et débute l'Île-de-France.

X X X Olivier Godin

Bocage fleuri de l'Avesnois

Infos pratiques

Itinéraire

- Maubeuge → Creil

Distance

- 229 km

Dénivelé

- Environ 650 m d+

Durée

- 3 jours cyclistes sportifs. 6 jours cyclistes contemplatifs ou en famille.

Difficulté

- Tracé très abordable. Relief minimal, nombreuses sections sur voies vertes et pistes cyclables à l'écart de la circulation. Quelques sections sur chemin sans difficulté technique. Balisage sur la V31 et l'EV3.

Accès

- Départ → gare de Maubeuge. 2 heures depuis Paris Gare du Nord. TER avec emplacements vélo.
- Arrivée → gare de Creil 27 min jusqu'à Paris Gare du Nord en TER.

La cathédrale de Noyon

Maubeuge – Noyon à vélo

Localisation : L'Avesnois

Distance : 157 km (400 m d+)

Infos utiles : tourisme-avesnois.com, jaimelaisne.com, oisetourisme.com, www.randonner.fr/label-accueil-velo
francevelotourisme.com/hebergements

En 1876, c'est en canoë que Stevenson parcourt la région. Cent cinquante ans plus tard, voici l'occasion de suivre son sillage… à la force des mollets ! Comme l'écrivain-voyageur, embarquez au fil de la Sambre et de l'Oise et de leurs canaux dérivés pour vivre une exaltante aventure de proximité. Durant 3 jours, cette navigation cycliste vous plonge dans l'Avesnois et les territoires du nord-est de la Picardie. Les paysages portent encore les cicatrices de la Première Guerre mondiale et les marques d'un passé industriel mouvementé, mais ils recèlent aussi des espaces naturels d'une richesse insoupçonnée. Par les chemins de halage, jouez les marins d'eau douce en famille au rythme des écluses et des rives bocagères.

Le pays a peu de relief. N'entendez pas par là qu'il manque de caractère, mais les bosses, au cours de cette traversée, présentent très peu de difficultés. La plupart du temps, vous n'aurez à changer de braquet que pour franchir une écluse ou un modeste talus. Cette aventure au fil de l'eau s'illustre par sa douceur et sa facilité d'accès. Pas besoin d'être un cycliste chevronné, ici, pour prendre le large. Cet itinéraire conviendra parfaitement pour une première expérience de l'itinérance sur deux roues ou pour une échappée avec des enfants. D'autant que le tracé emprunte plusieurs voies vertes et véloroutes (V31, EuroVelo 3) permettant d'évoluer sur de longues distances à l'écart des voitures. En chemin, quelques légers détours par les villages où Stevenson a fait étape vous permettront de remplir vos sacoches de spécialités du cru : jus de pomme, bières locales ainsi que l'incontournable maroilles et ses produits dérivés... Et pour dormir? Vous trouverez plusieurs campings en route (camping de la Vallée de l'Oise à Guise, camping du Marais de la Fontaine à La Fère...), mais également des auberges ou chambres d'hôtes à proximité immédiate du tracé (hôtel de Guise, B&B Le Robinson, à Mézières-sur-Oise).

Maubeuge au-delà des clichés

«Il n'y avait rien à faire, rien à voir.» Dans *En canoë sur les rivières du Nord*, Stevenson dépeint en ces termes son passage à Maubeuge. Pas de quoi rendre la ville particulièrement attrayante! Aujourd'hui, la petite cité pâtit encore d'une réputation peu reluisante. Les clichés raillant le Nord ont la vie dure! En réalité, Maubeuge a du charme et de l'intérêt : à la lisière du parc naturel régional de l'Avesnois, la localité affiche, derrière l'austérité apparente des murs en brique, un visage verdoyant et fleuri. Si la météo est favorable, prenez le temps de vous hisser sur les hauteurs de la Sambre pour découvrir les fortifications de la ville. Aux portes de la France, Maubeuge a longtemps joué le rôle de gardienne du pays. Érigé au Moyen Âge, l'ensemble défensif fut remanié au XVIIe siècle pour les besoins du pré carré de Vauban. Il subira plusieurs sièges, sous Napoléon, notamment, durant la campagne de France. Niché dans un écrin de nature, le site arbore encore quelques vieux canons. Il est accessible gratuitement. On peut même y pénétrer à vélo par les pavés et le pont-levis de la remarquable porte de Mons qui abrite, aujourd'hui, l'office de tourisme.

tourisme-avesnois.com

Les évadés du bocage

La véloroute de la Sambre accueille vos premiers coups de pédale au cœur même de Maubeuge. Balisée V31, elle vous permet de mettre les voiles en douceur le long de la rivière. À l'écart de la circulation, cet itinéraire cyclable paisible brosse un portrait détaillé de l'Avesnois. En chemin, découvrez, côte-à-côte, le passé industriel de la région et une nature incroyablement foisonnante. Un lieu en particulier synthétise cette improbable dualité : la réserve de Pantegnies. À la sortie de Pont-sur-Sambre, la faune et la flore ont réinvesti les terrils et bassins de décantation d'une ancienne centrale à charbon.
La véloroute vous guide ainsi pendant une vingtaine de kilomètres dans un décor inattendu de bocages et de marais où l'on surprend hérons cendrés, foulques et autres oiseaux d'eau. Sur quelques sections, le parcours emprunte des sentiers étroits qui fendent la végétation. Attention à la glissade par temps humide si vous êtes équipé de pneus fins et non cramponnés.

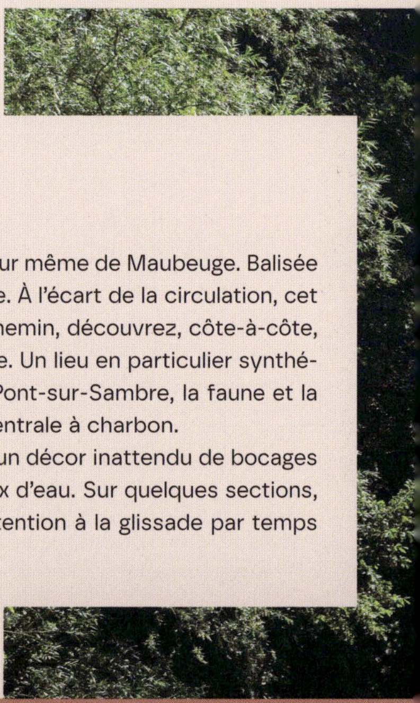

Tout un fromage !

Le village mérite que l'on abandonne durant quelques kilomètres les rives de la Sambre. Localité emblématique de l'Avesnois, Maroilles se prête particulièrement à une pause pique-nique. Des bancs vous attendent dans l'espace de verdure aménagé à la sortie du bourg au bord de l'Helpe Mineure. En vous restaurant, vous aurez tout le loisir d'admirer l'un des trésors des lieux : un remarquable moulin à aube du XVIIe siècle, vestige d'une ancienne abbaye. Pourquoi, d'ailleurs, ne pas garnir votre sandwich avec un autre joyau du cru ? Maroilles tient avant tout sa réputation de son fromage AOC, saveur incontournable du Nord. Pour vous procurer cette spécialité odorante à la croûte orangée, poussez la porte de la boutique France Terroir, dans la rue principale. L'établissement commercialise des maroilles fermiers produits sur le secteur. Autre curiosité culinaire à ne pas manquer : la flamiche ou tarte au maroilles, une délicieuse pâte briochée recouverte du fameux fromage au lait cru.

France Terroir – 17, Grand-Rue, Maroilles.
franceterroir-maroilles.fr

L'entrée de Maroilles

L'Oise, à Moÿ-sur-l'Aisne

Une bière pour la route

La cave voûtée en brique rouge a retrouvé l'apparence qu'elle avait du temps des moines bénédictins. Implantée dans un ancien bâtiment de l'abbaye de Maroilles entièrement rénové, la brasserie artisanale Saint-Humbert fabrique dans ce cadre authentique une sélection de bières artisanales (blonde, blanche, brune et ambrée). Des boissons non filtrées et refermentées en bouteille, à emporter ou à savourer sur place, autour d'une planche de charcuterie ou d'un croque-monsieur au maroilles.

Brasserie Saint-Humbert – 24, Grand-Rue, Maroilles. Tél. 06 83 73 18 24

Les cicatrices de 14-18

Depuis le passage de Stevenson, un événement a laissé de profondes séquelles dans le paysage : la Première Guerre mondiale. La petite ville de Landrecies, en particulier, a été profondément marquée par le conflit. Conquise par les troupes allemandes dès la fin du mois d'août 1914, elle est libérée quatre années plus tard dans le sang et la fureur par l'armée britannique. L'occupant, conscient de l'imminence de la capitulation, retourne ses canons et anéantit une grande partie de la ville basse. Une fresque aux abords de la Sambre canalisée remémore ces instants douloureux. Par ailleurs, un parcours thématique de 3 km passant notamment par le cimetière britannique raconte l'engagement de cette ville martyre dans ce qui devait être « la Der des Ders ».

Représentation de la bataille de Landrecies, en 1918, pour la libération de la ville

Familistère Godin, Guise

Des poêles et une utopie

Cette expérience sociale aurait probablement intéressé Stevenson. Mais peut-être est-il passé trop loin de Guise pour y avoir prêté attention. Pour découvrir le familistère de Jean-Baptiste Godin, il faut se détourner pendant une dizaine de kilomètres du canal de la Sambre à l'Oise. Plus facile à vélo qu'en canoë! «Nous avons voulu mettre la demeure de l'ouvrier dans un palais.» Voilà comment le créateur des célèbres poêles en fonte résumait son projet. Issu d'un milieu modeste, il a connu, avant de faire fortune, les conditions de travail éreintantes du monde de l'industrie. Inspiré par le socialisme utopique, il lance, à partir de 1859, la construction d'un bâtiment d'un genre nouveau. À proximité de son usine de Guise, dans l'ancien pays de Thiérache, il édifie le familistère, un lieu de vie communautaire destiné à améliorer l'existence de ses employés. Basé sur la coopération et le culte du travail, ce palais de brique compte près de 500 appartements. Il restera fonctionnel jusque dans les années 1960. Abandonnez un instant votre vélo et aventurez-vous dans cette «ville dans la ville» qui dispose de son propre théâtre, de sa bibliothèque, de ses écoles et de sa piscine.

Familistère de Guise – Place du Familistère, Guise. *familistere.com* Entrée payante.

Le canal sous la mitraille

Stevenson n'est pas le seul homme de lettres britannique à avoir foulé la région. Un peu plus de 40 ans après son aventure en canoë, Wilfred Owen se risquait, dans un contexte radicalement plus dramatique, aux abords du canal de la Sambre à l'Oise. Nous sommes le 4 novembre 1918, à Ors. Le poète anglais tente avec sa compagnie de franchir le corridor fluvial sur des flotteurs de liège. Il est fauché par la mitraille allemande, une semaine avant l'Armistice. Il repose dans le cimetière militaire britannique de la commune. Peu connu en France, Wilfred Owen compte parmi les poètes les plus populaires outre-Manche.

Sur la véloroute Stevenson

Grâce à une série de panneaux d'interprétation, le récit de l'écrivain écossais prend corps dans votre réalité. Pendant une soixantaine de kilomètres, de Vadencourt à Quierzy, l'EuroVelo 3 tourne au rythme de vos coups de pédale les pages d'*En canoë sur les rivières du Nord*. Au prix parfois de quelques détours, retrouvez dans l'Aisne du XXIe siècle les lieux marquants de l'aventure du futur romancier et de son compagnon Walter Simpson : le restaurant du Mouton d'Or, à Moÿ-de-l'Aisne, aujourd'hui disparu, l'auberge Bazin, à La Fère, devenue une pharmacie, ou le siphon des Sept Ponts à Châtillon-sur-Oise… Autant d'occasions de rompre avec la rectitude parfois un peu monotone du canal de la Sambre à l'Oise, puis du canal latéral à l'Oise, deux corridors fluviaux percés dans les années 1830 que longe la véloroute.

Roulez jusqu'à La Cigarette !

À Alaincourt, la Maison de Marie-Jeanne, face à la médiathèque, vous transporte à la fin du XIXe siècle par l'intermédiaire d'une impressionnante collection d'objets du quotidien : fers à repasser, jouets, vêtements… Le site compte également un espace dédié au voyage en canoë de Stevenson. Il abrite notamment une reconstitution de *La Cigarette*, l'embarcation de son camarade Walter Simpson. L'occasion de mesurer l'effort que les deux hommes ont dû consentir à chaque fois qu'il était question de transporter leurs canots par la voie terrestre.

La Maison de Marie-Jeanne – 39, rue du Général-de-Gaulle, Alaincourt. *la-maison-de-marie-jeanne.fr* Entrée payante.

Canal de la Sambre à l'Oise

À votre tour de pagayer !

Après avoir longuement pédalé au bord de l'eau, n'est-il pas temps de vous plonger dans le vif du sujet? Avec un lac de 32 ha et une vaste plage de sable blanc, la base de loisirs de La Frette, à Tergnier, offre l'opportunité de goûter au plaisir de la baignade ou de la navigation. Le temps de quelques coups de pagaie, imitez Stevenson à bord d'un canoë de location (8,50 €/h)! Le site dispose également d'un espace de restauration rapide et d'un camping pour poser vos sacoches pour la nuit.

Base de loisirs de La Frette – Rue de la Prairie, Tergnier. *campinglafrette.tergnier.fr*
Entrée payante.

La vallée d'Or, canal latéral à l'Oise

Sur les traces de Charlemagne

« Si jamais je me rallie un jour à l'Église romaine, j'y mets comme condition d'être nommé évêque de Noyon-sur-Oise », ironisait Stevenson. Si la cathédrale de la petite cité n'a pas la réputation de celle de Beauvais ou d'Amiens, elle peut s'enorgueillir d'être la plus ancienne de Picardie. Imposant sa stature sur le paysage, l'édifice, installé sur le point le plus élevé de la ville, figure parmi les toutes premières églises gothiques de France. Sa première pierre, en effet, a été posée près de 20 ans avant celle de Notre-Dame de Paris, en 1145. Mais avant le monument actuel, plusieurs bâtiments religieux d'importance se sont dressés sur le site. Ils auraient accueilli deux couronnements majeurs de l'histoire de France : celui de Charlemagne, proclamé roi par ses fidèles en 768, puis celui de Hugues Capet en 987 (les sources historiques à ce sujet restent incertaines). Après avoir visité la cathédrale, attardez-vous auprès des élégantes bâtisses du quartier canonial, qui compte parmi les mieux préservés du nord de la France.

Y aller : *en train*

Depuis Paris-Gare du Nord, TER jusqu'à Maubeuge (env. 2 h). Retour : au départ de Noyon, TER à destination de Paris-Gare du Nord (env. 1 h). Sur le réseau de la Région Hauts-de-France, voyager avec un vélo en TER est autorisé, gratuit et sans réservation. L'accès à bord étant soumis au nombre de places disponibles, présentez-vous au chef de bord avant d'embarquer.

Hébergements :

Nombreux campings, B&B, auberges et hôtels.

Camping de la Vallée de l'Oise – Guise. *campingguise.wixsite.com/camping-vallee-oise*

La Ferme d'Alice – Moÿ-sur-l'Aisne
Tél. 03 23 64 09 86, *lafermedalice.com*

Hôtel de Guise – 103, place Lesur, Guise.
Tél. 03 23 61 17 58.

Gîte de groupe – 39, rue du Général-de-Gaulle, Alaincourt. *gite-rural-alaincourt.fr*

L'abbaye cistercienne Notre-Dame d'Ourscamp

Noyon – Pontoise à vélo

Localisation : L'Oise

Distance : 118 km (370 m d+)

Infos utiles : *oisetourisme.com, compiegne-pierrefonds.fr, tourisme-auverssuroise.fr, francevelotourisme.com/hebergements, scandiberique.fr*

Un dépaysement express aux portes de Paris ! Le temps d'un week-end, laissez-vous emporter au fil de l'Oise à travers le sud picard et le nord-ouest de l'Île-de-France. Robert Louis Stevenson donna ici les derniers coups de pagaie de son voyage en canoë. Du pays de Compiègne à la lisière du Vexin, vous suivrez sa trace à vélo, le long de la rivière. Sous vos roues, des chemins de halage où flotte encore l'esprit des bateliers, des véloroutes plates et paisibles et quelques féeriques chemins forestiers reliant de vieilles abbayes. Tous les ingrédients d'une micro-aventure réussie à vivre en famille ou entre amis.

X X X

Pas de difficulté en vue, l'horizon est plat comme une mer d'huile ! En quête d'un parcours pour une première itinérance à vélo ? Cette courte échappée, facilement accessible depuis la capitale, affiche un dénivelé réduit, sans pour autant sombrer dans la monotonie. Le fil conducteur ? L'Oise et son canal latéral. Un couloir d'eau qui, au rythme des péniches et de vos coups de pédale, raconte l'épopée de la navigation fluviale des années 1830 jusqu'à nos jours. Ici, le tourisme se vit au ralenti. Vous déroulez le balisage de l'EuroVelo 3 qui rebondit dans la forêt de Laigue pour une parenthèse de nature et de solitude. Puis vous refaites surface dans le cœur de Compiègne où les Picantins, qui enchantèrent Stevenson, « piquent le temps » à l'aide de leur marteau. L'Avenue verte London-Paris vous porte en douceur jusqu'à Auvers-sur-Oise, où l'on croise encore l'âme de Van Gogh et des impressionnistes. Voici Pontoise, le terme de votre périple. En mettant pied à terre, peut-être déclarerez-vous comme Stevenson que « votre aventure n'a été rien de plus qu'une sieste au bord de la route dans le cours réel de la vie ».

Promenons-nous dans les bois !

Aux portes du Noyonnais, la forêt domaniale de Laigue offre l'opportunité d'un pas de côté ombragé et verdoyant. Le temps de quelques tours de roue, écartez-vous de l'Oise pour venir humer, loin des voitures, l'atmosphère des sous-bois. Le petit massif picard est étroitement lié à la grande forêt de Compiègne, qui le prolonge au sud au-delà du cours de l'Aisne. Les deux ensembles partagent un héritage commun, celui des chasses royales, qui, à partir du XVIe siècle, ont modelé la physionomie des lieux autour de carrefours en étoile et de chemins hexagonaux. Mais dès le Moyen Âge, les abbayes alentour ont œuvré à l'aménagement forestier en défrichant des clairières et en creusant des étangs. Avant de vous enfoncer dans les bois, marquez donc une pause pour découvrir celle de Chiry-Ourscamp ! Cet édifice cistercien aurait été érigé en 1129, en lieu et place d'un ancien oratoire fondé 500 ans auparavant par saint Éloi en personne. Selon la légende, l'évêque de Noyon, plus connu pour avoir été le ministre de Dagobert, aurait, grâce à ses pouvoirs divins, dompté un ours pour tracter le chariot de pierres destiné à la construction du lieu de culte.

Abbaye Notre-Dame d'Ourscamp – 1, place Saint-Éloi, Chiry-Ourscamp. Entrée payante.

Dans la forêt de Laigue

Les Picantins, hôtel de ville de Compiègne

Les bateliers de l'Oise

Le canal latéral à l'Oise accompagne vos coups de pédale durant les premiers kilomètres de cette randonnée. Vous souhaitez connaître l'histoire de ce fil d'Ariane aquatique ? Posez donc pied à terre à Longueil-Annel ! En amont de Compiègne, la commune, qui a prospéré avec le percement de l'ouvrage entre 1826 et 1831, abrite un musée dédié à la navigation fluviale. Son nom : la Cité des Bateliers. Aménagé dans un ancien café au bord du canal, cet espace raconte l'évolution de la vie des mariniers, leur quotidien, leur labeur, leurs luttes sociales. Une plongée dans un univers méconnu portée par des objets anciens, des films, des maquettes, mais aussi par le témoignage captivant de bateliers à la retraite qui animent les visites de groupe. Amarrée devant la maison, une péniche Freycinet, reconvertie en musée flottant, prolonge l'immersion. De la cabine de pilotage à la cale, découvrez l'intimité de ceux qui ont choisi de passer leur existence sur l'eau.

La Cité des Bateliers – 59, avenue de la Canonnière, Longueil-Annel. *citedesbateliers.com* Entrée payante.

Sonneurs de cloches et nougatine

« J'ai pris beaucoup de plaisir salutaire à leurs manœuvres et j'ai eu grand soin de manquer le moins possible de leurs manifestations. » Ainsi s'enthousiasmait Stevenson à propos du spectacle cadencé des Picantins. Les Picantins ? Trois automates de 1,30 m qui, depuis près de 500 ans, rythment d'un son singulier les quarts d'heure des habitants de Compiègne. Pour observer le manège de ces personnages emblématiques, levez la tête au pied du beffroi de l'hôtel de ville ! Sur les hauteurs de ce remarquable édifice de style gothique flamboyant, le trio fait retentir d'un coup de marteau les cloches placées à ses pieds. Plusieurs fois renouvelées au cours des siècles, ces statuettes représentent les trois ennemis de la France, l'Anglais, l'Allemand et le Flamand, condamnés à « piquer le temps » pour l'éternité. Mais à Compiègne, le terme « Picantin » fait également référence à une spécialité sucrée : une confiserie à base de nougatine surmontée de trois noisettes enrobées de chocolat, en hommage aux sonneurs de cloches.

Chocolaterie Les Picantins – 15, rue Jean-Legendre, Compiègne. Tél. 03 44 40 05 43, *lespicantins.site-solocal.com*

Les secrets de l'abbaye

Un haut mur d'enceinte protège le site des vertiges du monde depuis plus de 700 ans. Lieu de silence et de contemplation, l'abbaye royale du Moncel se dresse dans un écrin de verdure entre les rives de l'Oise et la forêt d'Halatte. Abandonnez un moment votre monture (un parking vélo est aménagé à l'entrée) pour flâner dans les 6 ha du parc et découvrir les secrets de cet édifice religieux fondé par Philippe Le Bel. Le cloître, la salle capitulaire, celle des charpentes ou encore le cellier voûté vous feront revivre plusieurs siècles d'histoire monastique. Au cours de votre visite, peut-être reconnaîtrez-vous le décor d'un de vos films préférés : l'abbaye a accueilli plus de 60 tournages ! Parmi les productions les plus célèbres, *Le Dialogue des Carmélites*, *Fort Saganne* ou encore *Un long dimanche de fiançailles*, de Jean-Pierre Jeunet.

Abbaye royale du Moncel – 5, rue du Moncel, Pontpoint. Tél. 03 44 72 33 98, *abbayedumoncel.fr* Entrée payante.

Dans les pas de Van Gogh

Il était de la même génération que Stevenson. En effet, moins de trois ans séparaient les deux hommes, nés tous les deux au milieu du XIXe siècle. Qu'avaient-ils en commun ? Un goût prononcé pour la vie de bohème, sans doute, un rapport singulier avec la nature... et une existence abrégée. En suivant l'Avenue verte London-Paris (V16), vous traverserez le village paisible d'Auvers-sur-Oise. Les lieux ont inspiré de grands noms du mouvement impressionniste : Daubigny, Cézanne, Pissarro et bien sûr Van Gogh. L'illustre peintre hollandais, au sommet de son art, y passa les 70 derniers jours de sa vie. Très prolifique, il peignit 74 tableaux représentant la vie paysanne et l'architecture locale. Éprouvé par une instabilité mentale latente, il se tira une balle de revolver dans la poitrine le 27 juillet 1890 et mourut deux jours plus tard dans la chambre n°5 de l'auberge Ravoux qu'il louait pour 3,50 F par jour. Depuis, cette mansarde de 7 m^2, éclairée seulement par une lucarne, est restée intacte et est ouverte à la visite.

Maison de Van Gogh – 52-56, rue du Général-de-Gaulle, Auvers-sur-Oise. Tél. 01 30 36 60, *maisondevangogh.fr* Entrée payante.

Auberge Ravoux, Auvers-sur-Oise

Tombe de Vincent van Gogh, Auvers-sur-Oise

La dernière demeure du peintre

À l'entrée d'Auvers-sur-Oise, détournez-vous de quelques centaines de mètres de la V16 pour rejoindre, au prix d'une belle montée, le cimetière communal, rue des Tournelles. À gauche en entrant, sous un coussin de lierre, se trouve la tombe de Vincent van Gogh. Il repose en ces lieux, entouré par les champs qui l'ont tant inspiré, aux côtés de son frère Théo, décédé quelques mois après lui. Une plaque commémorative raconte les circonstances de sa mort et de son enterrement, « une apothéose vraiment digne de son grand cœur et de son grand talent ».

En canoë, comme Stevenson

Après avoir longé la rivière à vélo pendant une centaine de kilomètres, peut-être aurez-vous envie de troquer votre monture pour un canoë… L'agence Val-d'Oise Aventures vous propose de louer une embarcation pour naviguer, le temps de quelques heures, dans le sillage de Stevenson et de son camarade Walter Simpson. De l'Isle-Adam à Pontoise, reproduisez, 150 ans plus tard, les ultimes coups de rame des deux aventuriers britanniques. Au programme, 12 km de descente au fil des courbes de l'Oise avec une halte guinguette ou une pause pique-nique à mi-parcours, à Auvers-sur-Oise.

Durée : env. 4 h 30. À partir de 14 ans.
valdoise-aventures.paris

Y aller : en train

Accès à Noyon depuis Paris-Gare du Nord en TER (1 h 05). Retour depuis la gare de Pontoise jusqu'à Paris-Gare du Nord (40 min).

Hébergements :

La Parenthèse du Rond Royal – Compiègne. *laparenthesedurond royal.com*

La Martinière – Verberie. *lamartiniere-verberie.fr*

Camping Le Pré des Moines – Gouvieux. *camping-lepredesmoines.com*

Hôtel des Iris – Auvers-sur-Oise. Accueil Vélo. *hoteldesiris.com*

Stevenson, le vagabond

Par Marc Porée

Contraint par une santé fragile à suivre de longues cures dans des villes thermales européennes, poussé par son goût de l'aventure et de la vie de bohème sur les canaux du Nord, les chemins des Cévennes et la forêt de Fontainebleau, Robert Louis Stevenson a beaucoup voyagé en Europe, bâtissant son œuvre au fil de ce nomadisme constant, avant de rejoindre pour toujours les mers du Sud.

« Tu dois comprendre que je serai plus ou moins un nomade jusqu'à la fin de mes jours. Tu ne peux pas savoir à quel point j'en ai eu envie autrefois ; comment j'allais regarder les trains en partance, et j'étais là, qui désirais si fort partir avec eux. (...) Je dois être quelque part un vagabond. »

Édimbourg

Du 13 novembre 1850, date de sa naissance dans une famille de bâtisseurs de phares et de pasteurs, jusqu'à son départ le 21 août 1887, après la mort de son père, pour les Amériques, puis le Pacifique, Édimbourg a été le point d'ancrage essentiel pour Stevenson. Édimbourg a été le lieu de sa vie de bohème et de la rigueur religieuse, le refuge entre deux voyages, l'endroit à fuir pour ne pas être ingénieur ou avocat, et surtout le lieu dont il devait s'éloigner pour trouver des espaces propices à calmer des douleurs incessantes.

Erraid

L'île d'Erraid a été pour Stevenson le cadre de plusieurs textes. Dans *The Merry Men* (1882), un garçon voit son oncle pris de folie lorsque la tempête survient dans une île dont Erraid fut le modèle. David Balfour, le jeune héros de *Kidnapped!* (1886), victime d'un naufrage, débute à Erraid sa longue traversée des Highlands. Stevenson avait été fortement impressionné par l'aspect sauvage et violent de cette petite île lorsqu'en 1870 il y accompagna son père, Thomas, qui supervisait alors la construction du phare de Dubh Artach, un îlot sujet à de violentes tempêtes.

Bristol

La relation entre Bristol et Robert Louis Stevenson ne repose pas sur une présence ou un voyage, comme cela est le cas pour Grez-sur-Loing, les canaux du Nord et les Cévennes, mais sur la rencontre entre l'imaginaire de Stevenson et la vie d'une cité portuaire. Un unijambiste, un perroquet sur l'épaule et la carte du trésor caché : Stevenson façonne une représentation de la piraterie dans un ouvrage pour la jeunesse publié en 1883, *Treasure Island*. Cette histoire débutant à Bristol télescope la réalité d'un port de commerce, marqué par les transports d'esclaves, dans une période où la quête des trésors de pirates dans les Caraïbes devient d'actualité.

Sur les canaux du nord

En 1876, à 26 ans, Robert Louis Stevenson entreprend un voyage en canoë avec son ami Walter Simpson sur les canaux et les rivières d'Anvers à Pontoise, en passant par Bruxelles. Il en tire son premier livre, *An Inland Voyage* (1878) – que l'on pourrait traduire par « voyage dans les terres » mais aussi par « voyage intérieur » –, dont les personnages sont *L'Aréthuse* et *La Cigarette*, noms des embarcations des deux voyageurs. Ce récit brosse un portrait saisissant des lieux et des habitants de ces régions à la fin du XIXe siècle.

Barbizon et Grez-sur-Loing

La venue de Stevenson dans le pays de Fontainebleau, dès avril 1875, tient à sa complicité avec son cousin Bob, élève des Beaux-Arts d'Anvers et fin connaisseur de la bohème parisienne. De la maison Siron, à Barbizon, à la pension Chevillon de Grez, Stevenson découvre avec émerveillement la forêt, rédige *Forest Notes* et, avec Walter Simpson, marche jusqu'à la Loire. De retour à Grez, en février 1876, il rencontre Fanny Osbourne, qu'il retrouve en septembre, puis à l'été 1877. Débute alors l'amour d'une vie.

Les Cévennes

Lorsqu'en août 1878, la femme qu'il aime repart en Californie, Stevenson déprime. Pour oublier, il s'en va en Haute-Loire, où il loge plusieurs semaines dans une pension au Monastier-sur-Gazeille. Il se promène dans les environs, écrit et dessine, avant d'entreprendre la traversée des Cévennes avec une ânesse. Ce pays lui rappelle ses Highlands natales et les guerres religieuses qui s'y déroulèrent. Le récit de cette aventure au pays des camisards, *Voyage avec un âne dans les Cévennes*, paraît en 1879.

Menton

Stevenson vient à Menton pour la première fois en décembre 1863. Alors âgé de 13 ans, il accompagne son père qui rejoint sa mère Maggie, incitée par les médecins à venir soigner ses douleurs pulmonaires sur la Côte d'Azur. Il revient 10 ans plus tard, à l'automne 1873, sur les conseils des médecins, et y séjourne jusqu'en avril 1874. Il lit alors George Sand et Balzac et écrit *Ordered South* (*Le Midi sur ordonnance*, 1874).

Davos

À l'automne 1880, Robert Louis Stevenson, dont la santé est vacillante, se rend à Davos avec sa femme et son beau-fils sur les conseils de son médecin. En avril 1881, les Stevenson repartent après que l'écrivain s'est légèrement rétabli. Stevenson y écrit des poèmes. En septembre 1881, la famille revient à Davos. Pour Stevenson commence alors une période d'écriture intense, il termine *Treasure Island*, écrit une grande partie des *Silverado Squatters* (*Les Squatters de Silverado*, 1883) et commence *Prince Otto : A Romance* (*Prince Othon*, 1885). En avril 1882, la famille quitte Davos pour l'Écosse.

Bad Homburg vor der Höhe

Après un premier passage en 1861, à l'âge de 11 ans, pour accompagner sa mère qui souffre de troubles respiratoires, Stevenson revient à trois reprises à Bad Homburg pour de courts séjours dans la ville thermale jusqu'en 1875.

Le S

Le Morvern et le loch Linnhe, depuis Port Appin

Stevenson Way

××Écosse

Lorsque Stevenson, en 1886, publie son roman *Kidnapped! (Enlevé !)*, il prend soin d'y insérer une carte : celle des tribulations d'un jeune homme des Basses-Terres d'Écosse, emporté malgré lui dans un monde qui lui est étranger, les Highlands. Son odyssée, bien sûr, est fictive, mais elle a le don de plonger le lecteur au cœur d'une histoire bien réelle : les noires années qui ont suivi la bataille de Culloden (1746). Aujourd'hui, un chemin non balisé de 370 km invite les randonneurs à retracer les pas du héros, d'Erraid à Queensferry, et à marcher dans l'Histoire. Voici un petit aperçu de ce Stevenson Way : vous y croiserez de sublimes paysages, beaucoup de solitude et des Highlanders qui ont le cœur sur la main.

Kinlochleven
Fort William
Corran
Ballachulish
Duror
Claggan
MORVERN
Loch Linnhe
ISLE OF MULL
Lochaline
Craignure
Connel Ferry
Oban
Loch Etive
Fionnphort
ERRAID
ROSS OF MULL
Lochbuie
Carsaig
Shiaba
Uisken
Loch Awe
Loch Fyne
N
O
E
S

Ben Alder
Loch Ossian
Loch Ericht
Corrour
water Reservoir
Rannoch
Loch Rannoch
Bridge of Orchy
Loch Tay
Tyndrum
Crianlarich
Loch Earn
Loch Voil
Balquhidder
Perth
Strathyre
Loch Lubnaig
Callander
Bridge of Allan
Stirling
Loch Lomond
Cullross
Queensferry
ÉDIMBOURG
Glasgow

Dans le Morvern

Sous le couvert du silence

Il est rare que le bus du matin s'arrête à Claggan pour y déposer un passager. À dire vrai, c'est même assez insolite. Suffisamment, en tout cas, pour que le conducteur, en attendant l'ouverture complète de la porte, me sonde de deux mots : «Loch Arienas?» J'aurais aimé lui faire ce plaisir (ses yeux semblaient pétiller au souvenir des truites de belle taille qui peuplent ce loch si proche de Claggan) mais je m'étais donné pour aujourd'hui un tout autre but : «Gleann Dubh!» Pour un peu, il se serait pincé : «Gleann Dubh?» «Oui, la Vallée Noire...» Il y eut un court moment de flottement : «Et... vous revenez comment? Parce que moi, je ne repasse pas, on est vendredi!» «Je sais, je... ne reviens pas, en fait : ne vous faites pas de souci, je... continue à pied jusqu'à Corran Ferry!» Ultime échange de regards, fermeture de la porte, bref salut de la main.

Gleann Dubh! À sa façon d'écarquiller les yeux, j'avais cru, pendant une nanoseconde, déceler sur le visage du conducteur une légère frayeur, comme si la «Vallée Noire» était un point de non-retour. Peut-être aurais-je dû glisser quelques précisions du genre «oui, vous savez, comme David Balfour, le héros d'*Enlevé!* le roman de Robert Louis Stevenson». Mais je n'avais décemment pas le temps de lui en dire plus, même si les écoliers ne semblaient guère impatients de voir leur bus redémarrer.

David Balfour... L'idée de mettre mes pas dans ceux d'un personnage de roman comme lui n'est pas pour me déplaire. Pourtant, son aventure n'a rien d'un long fleuve tranquille : spolié par son oncle, embarqué de force pour être vendu comme esclave dans une lointaine plantation, naufragé (par chance!) sur l'île d'Erraid, il trouve la force de «traverser la plus grande partie de cette longue et recourbée île de Mull» avant de traverser le détroit, de traverser le Morvern, de traverser le loch Linnhe, de traverser l'Appin, d'être suspecté de complicité dans le meurtre d'un Campbell et de fuir à corps perdu jusqu'à Queensferry! Nous sommes en 1752.

J'avais cru déceler sur le visage du conducteur une légère frayeur, comme si la « Vallée Noire » était un point de non-retour.

À l'orée du Gleann Dubh, la Vallée Noire

Depuis, le Morvern a bien changé. L'auberge où il a passé la nuit, par exemple, n'existe plus. Et ce n'est peut-être pas plus mal : selon Stevenson, qui semble bien n'avoir jamais mis les pieds dans le Morvern, elle était « plus misérable que la dernière étable à cochons de la terre »...

Une chose est sûre : me voilà désormais seul sur le bord de l'A884 qui zigzague du sud au nord entre les collines du Morvern. Seul, en compagnie tout de même d'un doute raisonnable :

Ai-je bien fait, au fond,
de descendre d'un bus ici,
un vendredi, dans les solitudes pelées
de ce district péninsulaire ?

Un jeudi, passe encore : j'aurais pu laisser ce sac à dos à Loch Àlainn alias Lochaline (un chouette mini-bourg, fondé en 1830 et dont le nom, soit dit en passant, ne se prononce pas *eu-laïne* mais *<u>â</u>âligne* avec un accent bien tonique sur le « ââ »), prendre le bus de 8 h 05 pour Claggan, arpenter sagement la Vallée Noire, revenir par le bus de 16 h 13, dormir à Lochaline – le camp de base, près du débarcadère, a toutes les commodités nécessaires – et, le lendemain, rallier en bus le seuil de la B8043. Oui, a priori, ç'eût été la formule idéale et l'assurance de marcher les épaules plus légères ! Tant pis, les dés étant jetés, inutile de ressasser davantage horaires et calendrier, de trop penser à la trentaine de kilomètres qui m'attendent (peut-être même 37 !). Priorité n° 1 : ralentir le pas pour ne rien perdre du paysage et prendre congé du doute qui marche à mes côtés. Après tout, pour l'instant, tout va bien en ce vendredi de mai : il est à peine 8 h 30, il ne pleut pas...

Cottages au bord du Loch Aline

Je ne saurais dire si c'est dès les hauteurs d'Acharn ou à l'orée du bosquet de chênes, juste après le panneau *Rahoy Hills Wildlife Reserve*, que je suis tombé. Tombé sous le charme du Morvern à cette heure encore intacte du jour. Tombé en arrêt devant cet instant singulier et fugace où les premiers rayons du soleil s'appliquent à retisser les contours du relief, aplati par les brumes de l'aube. Dieu sait si j'en ai arpenté, des chemins écossais, de la caillouteuse *drover's road* des transhumances d'antan aux vieilles pistes militaires que le général Wade avait fait tracer au XVIIIe siècle pour faciliter le déplacement de ses troupes dans les Highlands. Une fois, j'ai même suivi l'une de ces « routes du cercueil » (*coffin roads*), aujourd'hui oubliées, qu'empruntaient autrefois les convois funéraires. Mais jamais, avant ce jour, je n'avais vu aussi distinctement des collines émerger de leur ouate et gagner en épaisseur. Ni leurs plans successifs s'échelonner comme dans un tableau de Joachim Patinir. À cela près qu'ici, les glacis bleutés du peintre flamand font place à un tweed de dégradés verts.

Et quels verts ! Franchement, ce petit sous-bois, à l'entrée de la Vallée Noire, est un nuancier à lui seul. Touche d'olive dans ces étranges boules qui, par on ne sait quel sortilège, tapissent le sol, pareilles à de grosses cloques de velours. Zeste d'émeraude sur les ailes des papillons. Soupçon de jade dans les lichens qui festonnent les troncs. Ici, tous les arbres vous tendent leurs branches noueuses comme pour vous souhaiter *ceud mìle fàilte*, « cent mille fois bienvenue » dans l'une des dernières chênaies naturelles du royaume. En fait, dans les Highlands et en Argyll, il y a plusieurs sortes de chemins : ceux qui invitent au calme et vous font la grâce d'un arc-en-ciel au détour d'un vallon ; d'autres, les fourbes, qui multiplient les chausse-trappes, et les cachottiers, ces *faint paths* à géométrie variable, repus de tiques et d'herbes folles, qui font secret de tout et dont il faut deviner le vague parcours.

Et, bien sûr, il y a les malveillants, ces rigoles boueuses et sournoises qui vous happent une jambe en moins de deux et vous jettent dans les crevasses ou les ravines.

Ce sentier-ci – celui qui lie Acharn à Achagavel – appartient à la première catégorie. Il est franc du collier, cela se voit à l'œil nu. En plus, il la joue simple : il se contente de longer la rivière, la Black Water en l'occurrence. Avec lui, pas besoin de sortir la boussole. La carte n° 49 suffit amplement. David Balfour n'avait pas cette chance. De toute façon, il n'aurait pu disposer d'aucune carte imprimée : au XVIIIe siècle, le Morvern était infiniment moins bien cartographié que Tahiti et autres îles du lointain Pacifique ! Et le plan qu'Alexander Bruce avait publié en 1733 ne lui aurait été d'aucun secours : cette carte-là ne couvrait que les franges les plus septentrionales du Morvern – A' Mhorbhairn en gaélique, « le fossé de mer ».

Note rectificative : en fait, le chemin réserve une surprise... Il s'agit du premier pont sur la rivière Noire. Une chaîne en barre l'entrée et un panneau annonce en lettres blanches sur fond rouge : « *No access : bridge closed for essential repairs and maintenance.* » Signé « Ardtornish ». J'ai beau relire tous les mots, aucun ne prête à confusion. Et à l'évidence, de vrais travaux s'imposent que le domaine d'Ardtornish ne semble pas avoir engagés. C'est bien ma veine. Et voilà le doute qui pointe à nouveau le bout de son nez. Il se tient près de moi, un petit sourire en coin : « Je te l'avais bien dit, pourquoi t'entêter ? Rebrousse chemin jusqu'au parking d'Acharn, avec un peu de chance, un *ranger* de la réserve te déposera à la jonction de la B8043. »

Je refuse de l'écouter. Il doit y avoir une autre solution. D'ailleurs, le gaélique a un proverbe pour cela : *tha rathad làimh ris an rathad mhòr* (« il y a une autre route à côté de la grande »). Mais laquelle ? La berge est assurément trop spongieuse. Reste la rivière.

Tha rathad làimh ris an rathad mhòr.

J'étais en train de me demander comment David Balfour s'en serait sorti, quand soudain surgit sur l'autre rive un gigantesque chien gris, un peu hirsute, suivi d'une dame très alerte aux cheveux du même gris : « *Hello ! What a lovely day !* » me lance-t-elle par-dessus le chahut de l'eau noire. Sans attendre ma réponse, la dame me présente Gus, son *Scottish deerhound*, l'un de ces robustes lévriers écossais que l'on élevait autrefois pour la chasse au cerf (par chance, j'avais vu un reportage à la télévision, merci BBC Alba !). Et de m'expliquer qu'il avait fait si chaud hier – « 15 degrés, vous vous rendez compte ? » – qu'elle était venue ici, aujourd'hui, le baigner.

Sans transition, elle me parle de son autre chien, dont je n'ai pas retenu le nom et qu'elle n'emmène plus jamais dans le Gleann Dubh à cause des aigles. « Il est si menu ! La dernière fois, il a failli être emporté par un aigle royal. Ça m'oblige à le garder dans mes bras durant toute la balade ! Et il y a aussi des pygargues à queue blanche. » « Heureusement, ajoute-t-elle, dans cette vallée, nous avons bien moins d'aigles que de fées, vous savez, *na sìthichean*, on est sur une ligne énergétique, ici, dans le sol. » Il va sans dire que Hazel – la dame s'appelle Hazel (« Noisette ») – a depuis longtemps percé à jour la vie secrète des fées de la Vallée Noire. Je me demande si elle se rend compte que nous sommes deux sur « ma » rive – le doute et moi – et je réussis à glisser la question qu'il me brûle de lui poser depuis un bon quart d'heure : « Excusez-moi, mais... où avez-vous traversé, au juste ? Parce que le pont est fermé et... » « Oui, ça fait des lustres ! Je suis très remontée contre le régisseur du domaine. Quand on porte un nom pareil – Ardtornish, « le promontoire de Thor, le dieu du Tonnerre » –, on se décarcasse pour réparer les ponts. » À l'issue d'une longue salve de récriminations contre les grands propriétaires terriens étrangers en Écosse, Hazel finit – miracle ! – par m'indiquer du doigt le meilleur gué : quatre *boulders*, quatre gros blocs de pierre en amont. Mieux vaut choisir les gris que les noirs, trop glissants.

Cette lande à perte de vue,
peuplée d'aigles et de fées,
ivre de silence, me ravit.

J'enjambe, sans tomber dans l'eau glacée. Maintenant que nous sommes tous les trois sur la même rive (le doute s'est évaporé), je caresse Gus qui gambade de ses hautes pattes, parle à Hazel de Stevenson, la salue vite avant qu'elle ne me raconte tout *Enlevé!* et poursuis mon chemin sur « la ligne énergétique » (à vrai dire, je ne sais pas trop à quoi cela ressemble, mais autant mettre *na sìthichean* – les fées – de mon côté).

Arrêt parmi les ruines de Lurga, le deuxième des trois minuscules hameaux qui jalonnent le Gleann Dubh. C'est là, durant la pause « eau-plate-et-cookie-au-gingembre », que j'ai repensé aux tribulations de David, marchant au milieu du Morvern en compagnie d'un catéchiste dénommé Henderland. Après tout, on ne sait rien de l'itinéraire précis que Stevenson aurait pu leur faire prendre dans le chapitre 16 : le romancier mentionne juste le point de départ, Kinlochaline, et le point d'arrivée, Kingairloch. Pour se rendre de l'un à l'autre, il n'y avait guère, vers 1750 en tout cas, que deux options : cette Vallée Noire si solitaire ou – un peu plus à l'est – la Vallée Blanche (Gleann Geal), désormais traversée par le long ruban asphalté de l'A884. Alors, Blanche ou Noire? Le Stevenson Way a tout du jeu de pistes! À mon humble avis, Balfour et Henderland ont dû passer par la Blanche. Un indice, dans le roman, plaide en faveur de cette modeste hypothèse : Henderland s'arrêtait pour « causer avec tous les passants et les laboureurs que nous rencontrions ». Je me souviens d'avoir lu, avant d'entreprendre cette pérégrination littéraire, que la Vallée Blanche, surnommée en ce temps-là « le jardin du Morvern », était riche en terres arables et habitée vers 1750 par une quarantaine de familles. Trois cents personnes au total. Rien qu'au hameau d'Uladail, on dénombrait seize maisons et un séchoir à grains. Dans la Vallée Noire, le catéchiste n'aurait pas pu échanger avec autant de « passants et de laboureurs » : au milieu du XVIIIe siècle, le Gleann Dubh, assez peu fertile, ne comptait que neuf maisons à Crosben, cinq à Lurga – je vois leurs derniers murets de pierres sèches – et quatre à Achagavel. Cela dit, si David Balfour devait à tout prix éviter les *redcoats* – les « tuniques rouges » – et les Campbell (un vrai défi quand on sait que les deux tiers du Morvern, depuis 1670, étaient entre les mains du duc d'Argyll, chef du clan Campbell), il aurait eu tout intérêt à choisir la Vallée Noire, plus discrète que la Vallée Blanche. Bref, je ne suis pas très sûr (sans commentaire!) de marcher depuis deux heures sur le chemin qu'a imaginé Stevenson, mais peu importe, cette lande à perte de vue, peuplée d'aigles et de fées, ivre de silence, me ravit bien davantage que l'A884 et ses gaz d'échappement.

Ivre de silence, peut-être, mais certainement pas muette ! La terre d'ici a beau être âpre, farouche et pauvre, elle a quelque chose à nous dire. Il suffit de prendre le temps de l'écouter. Hier, sur le pont du ferry qui assure la liaison entre l'île de Mull et Lochaline, un passager se plaignait de ne pas avoir de réseau et jugeait le paysage du Morvern « très vide ». Mais il n'est pas vide ! Pas le moins du monde. Il a été « vidé ». La nuance est de taille. Il serait bon de se rappeler que le sixième duc d'Argyll y est pour beaucoup : George Campbell aurait pu se contenter d'être l'un de ces *uachdarain ghòrach*, de ces « chefs de clan extravagants » comme il en existe tant, mais ce dandy peu concerné par le sort de ses sujets avait un don hors du commun, celui de dilapider à Londres l'héritage familial. À force d'accumuler les dettes, il a soustrait de la fortune des Campbell plus de deux millions de livres et fait plus de tort encore aux habitants du Morvern puisqu'en 1819, ses créances l'ont contraint à vendre la totalité du district en douze lots qui, sitôt sur le marché, ont été acquis par douze propriétaires originaires des Basses-Terres, sans aucune attache avec la région et encore moins avec les traditions gaéliques. Douze Lowlanders qui se sont empressés de vider les douze domaines de leurs habitants pour que les moutons puissent y paître à grande échelle.

La vente du Morvern a fini en désastre : 3 250 hommes, femmes et enfants ont dû émigrer ; 750 autres, qui n'avaient rien fait non plus pour mériter cela, ont reçu leur *summons to quit*, leur assignation à disparaître. Alors oui, c'est vrai, le réseau est défaillant. Et si c'était l'occasion d'écouter ce que d'aucuns prennent pour du vide ? Ici, chaque pan du paysage reflète les bouleversements de ces deux derniers siècles. Chaque muret de la Vallée Noire chuchote la douleur et l'absence. Chaque pierre de la Vallée Blanche parle de ces injustes expulsions. Aucune de leurs *tobhtaichean* (« ruines ») aujourd'hui enfouies sous les fougères et les orties n'a oublié ce jour de tristesse où, le cœur brisé, les MacKay, les Cameron, les MacPhee et les MacDougal ont dû tout quitter du jour au lendemain pour des contrées dont ils ignoraient la langue. Le père portant sur son dos sa vieille mère invalide. Sa femme, leur dernier-né dans ses bras. Le fils se tournant une dernière fois vers la terre qui l'a vu grandir. C'est ainsi que le Morvern a été vidé. De nos jours, on y recense 320 êtres humains. À peine ½ habitant au km^2. Autant dire que l'on trouvera ici plus de cerfs à qui parler. Selon le dernier comptage, il y en aurait 4 688 !

À l'approche de midi, j'avais dépassé Achagavel – clap de fin, donc, pour le long travelling dans le Gleann Dubh – et au moment où je traverse la grand-route pour rejoindre la B8043, j'aperçois, parmi les quelques automobilistes qui filent d'un ferry à l'autre, l'un des *rangers* du Scottish Wildlife Trust, croisé ce matin sur le parking d'Acharn, qui s'emploie à compter la faune (et pas seulement les cerfs) avec force tablettes et caméras thermiques. Il me fait un signe de la main, presque content de me voir déboucher de la Vallée Noire. Et moi donc : la dernière heure s'est révélée laborieuse, tant le chemin était du genre flic-floc ! Il a fallu négocier la moindre flaque d'eau. Et surtout penser, dans la houle des herbes, à ne viser que les touffes longues et jaunes : elles seules ont la consistance d'un îlot. À côté, la B8043 alias « route de Kingairloch », qui déroule ses méandres au goudron irréprochable, paraît d'une simplicité enfantine. J'ai rarement arpenté une chaussée aussi plaisante : on peut la fouler au sec, sans avoir à fixer constamment ses pieds, et se concentrer sur le triangle de mer en ligne de mire.

Curieusement, j'ai la sensation d'être suivi mais il n'y a pas âme qui vive dans les parages, ni dans le rideau d'arbres à gauche, ni dans les landes rases à droite (parfois, c'est l'inverse : les landes sont à gauche et les arbres à droite). La B8043 n'ayant été tracée qu'après 1811, David Balfour et son catéchiste ne pouvaient rallier Kingairloch que par l'ancien sentier, celui qui suivait au plus près le ruisseau et qui a partiellement disparu sous l'eau du barrage d'Uisge, un loch que les touristes anglais s'évertuent à appeler Loch Whisky (c'est vrai que le mot *whisky* dérive du gaélique *uisge*, « eau », mais tout de même, Messieurs les Anglais, un petit effort... : *uisge* se prononce *ouchke* !). Après Abhainn na Còinnich, « la rivière de la Mousse », mes yeux tombent sur une décourageante borne blanche : Corran 16/Lochaline 16. Quoi, encore 16 miles jusqu'à Corran Ferry ? Est-ce que la Vallée Noire n'était pas censée être un raccourci ? De toute façon, l'appel de la mer est trop fort : je continue envers et contre tout, même si « quelque chose » ou « quelqu'un » semble toujours me suivre (et cette fois, ce n'est pas le doute : lui, je le connais, je sais sa manière de me talonner). Déjà, j'aperçois la ferme aquacole qui flotte au milieu de la baie de Kingairloch.

Kingairloch (Ceann Gheàrr Loch) est un monde à part. Un domaine en marge. Il fait partie de la péninsule du Morvern mais relève d'un autre district : l'Ardgour. Ses 5665 ha, qui ont appartenu trois siècles durant aux MacLean, ont depuis 2022 pour propriétaire un couple de millionnaires belges, Gaëtan et Bénédicte, qui ont restauré avec soin les cottages disséminés aux abords de l'ancien manoir. Coquet ! On rêverait de se poser ici pour une nuit et de déjeuner à fleur d'eau dans leur *boathouse*. Hélas, les cottages ne se louent qu'à la semaine et le café n'ouvre ses portes que les week-ends d'été. Du temps des MacLean, j'aurais sans doute eu droit à un thé de bruyère chaud. Tant pis : il me reste assez d'eau et le sandwich *coronation chicken*, acheté la veille à Glasgow, est un régal, même s'il tourne un peu de l'œil.

Ciel pommelé, mer paisible, température douce : difficile de s'arracher à la vue du loch Linnhe.

C'est depuis cette anse que David Balfour embarque pour rejoindre les rives d'Appin et le chapitre 17. Bon, à sa place, je serais resté ici. Ce coin d'Écosse au pied des falaises est un rêve éveillé. Un lieu idéal pour faire le vide dans son crâne et repriser l'âme malmenée. Je repense à Hazel. Il y aurait donc des fées dans la Vallée Noire ? Je déplie la carte n° 49. Qui sait si quelque nom de lieu évoquerait ici leur présence, comme Camas nan Sìdhean sur Skye (« la crique de la fée ») ou Talamh na Sìthichean dans le Wester Ross (« la terre des fées ») ! Les cartes topographiques sont infiniment poétiques : on les dirait sorties de l'imagination d'un barde. Je crois – j'en suis convaincu – que tout marcheur dans les Highlands, Hébrides et Argyll devrait apprendre le sens de quelques mots-clés. Pas seulement pour mieux lire le paysage. Pour le voir prendre vie, vibrer de sons, de couleurs et d'histoires. Pour avoir le « sens du lieu ». Lochan na Canaich : « le petit lac aux linaigrettes à feuilles étroites » ; Allt Port an Eòrna : « le ruisseau du port de l'orge ». Ici, tout a été nommé. Je lève les yeux de la carte du Morvern et tout d'un coup, je le vois. Je vois ce qui me suit depuis un bon moment, là, sur les hauteurs de la colline. Il me scrute avec curiosité. Je ne bouge plus. Il se fige. Je fais quelques pas en avant. Il fait de même. C'est un *buck*, un daim.

Le daim m'accompagne. Nous cheminons au même rythme, lui sur sa colline, moi sur ma route. Peut-être suis-je sa distraction du jour. En tout cas, il est mon phare. J'en suis si ému que je regarde à peine la rive où se profile – à droite de l'église immaculée de Kingairloch – l'ancien presbytère de Camas na Croise où vécut le (vrai) révérend Henderson qui a peut-être inspiré à Stevenson le personnage du catéchiste Henderland (et où David Balfour a passé la nuit après s'être restauré d'un porridge au petit-lait). Le daim me conduit et me suit à la fois jusqu'au bout de sa «falaise». Il ne peut pas aller plus loin : la clôture l'arrête là. Je lui fais un discret signe de la main. Il agite ses oreilles et disparaît derrière la masse débridée des rocs.
Me revient alors en mémoire ce que l'on appelle en gaélique le *dùthchas*, ce sentiment très fort de ne faire qu'un avec le paysage, d'être partie intégrante de la nature environnante, ce rapport si particulier à l'espace : *tha e mar gun robh thu ann fiùs mun do rugadh thu.*

« C'est comme si tu étais ici avant même d'être né. »

Ce n'est pas un hasard si les rares personnes que l'on croise dans ces aires si reculées de l'Écosse, telle Hazel ce matin, parlent aussi volontiers (bien plus qu'outre-Manche, en tout cas!). Toujours, on me demande si tout va bien, d'où je viens, où je vais, si j'ai vu tel ou tel oiseau aujourd'hui... Les Highlanders ont besoin de connaître ce qui les entoure. Ils se soucient de vous, de la communauté, de leur «écosystème» où tout est lié : la terre, l'humain, l'animal. Et c'est peut-être aussi ce que David Balfour, lui qui vient des Basses-Terres, a appris de son odyssée dans les Highlands (après tout, *Enlevé!* se donne à lire comme un roman d'initiation). Il ne les voit plus tout à fait comme au premier jour, le jour où il a échoué sur le rivage de l'île d'Erraid.

Camas na Croise, Kingairloch

À Kilmalieu, la route se sépare de la mer pour sinuer dans les terres et n'en faire qu'à sa tête, belle et interminable. Dans l'anse, des vaches paissent au milieu des algues. Vient le « torrent qui descend du cirque de la butte de saint Columba » (Allt Coire Mheall Chaluim) et, plus loin, un drôle de plan d'eau qui a la mer pour toile de fond : le lochan na Crìche, le « petit lac des confins ». Tous deux, le lac et la mer, sont exactement du même bleu. Mes pieds me portent, en mode « pilotage automatique », jusqu'à la grand-route. Il n'est pas loin de 17 heures. Même si nous étions un jeudi, j'aurais raté le passage du bus à Inversanda. L'appli dit : « Distance parcourue ce jour : 29 km. » Pas sûr de réussir à couvrir les derniers. Je fais du stop sans succès sur le rebord malaisé de l'A861. Par-delà la haie d'ajoncs échevelés, mes yeux glissent sur le loch Linnhe et les contours flous de l'Appin. Je vois le bois de Lettermore où Colin Campbell of Glenure a été tué. Je vois la passe de Ballachulish où Seumas a'Ghlinne – James of the Glen – a été pendu. L'histoire défile, celle de 1752 et celle d'*Enlevé!* Derrière moi, je crois qu'une voiture ralentit. Oui, c'est bien cela, une vitre se baisse et une voix féminine demande, inquiète : « *Are you OK?* » « *Well*, non, pas vraiment, je crois que j'ai trop marché ! » La dame, très gentiment, m'invite à monter dans sa voiture. Sur le capot du véhicule, une grande inscription bilingue anglais-gaélique s'affiche en capitales bleues :

POLICE
POILEAS

Jamais je n'étais encore monté dans une voiture de police écossaise. Trop cool. La portière s'ouvre, je m'affale sur le siège, pousse un soupir de soulagement, incapable de trouver la ceinture de sécurité (pourtant, s'il y a bien un cas où il faudrait impérativement mettre sa ceinture...), farfouille encore. C'est au-dessus de mes forces. « Où allez-vous ? » « À Corran Ferry ! » « Je peux vous conduire jusqu'à Fort William si vous voulez : je vais à Fort William. » « Oh, c'est très gentil à vous, merci, mais je m'arrête vraiment à Corran Ferry : ce soir, je dors à l'auberge d'Ardgour. » « Mais vous êtes parti d'où ? » « De Claggan ! En passant par le Gleann Dubh et Kingairloch. » « Quoi ? » Grand coup de frein. Elle se tourne vers moi. « Mais à quelle heure êtes-vous parti ? » « À 8 h 30, ce matin. » « *Oh my God! Oh my God!* » Elle redémarre. « Vous avez bien mérité une lager à l'auberge. Je préviens le barman. Je le connais. » Elle accélère. En fait, la policière roule aussi vite que tous les autres bolides qui m'ont doublé sur l'A861. Mais je suppose que c'est normal : elle aussi doit attraper le bateau. Nous déboulons sur le parking de l'auberge, façon Starsky & Hutsch. Le gars du pub sort de son antre, interloqué. La policière me présente. Je peine à m'extraire du véhicule, la remercie mille fois, pousse la porte de l'auberge, m'annonce et tends mon passeport au réceptionniste. Il fait signe qu'il n'en a vraiment pas besoin : « *I trust you!* Je vous fais confiance : vous êtes arrivé avec la police ! » Éclats de rire partagés. Oui, il y a des fées dans le Morvern. Et de cela, je ne doute absolument pas.

X X X Jean-Philippe Follet

Infos pratiques

Se rendre dans le Morvern depuis l'île de Mull :

- Ferry Fishnish-Lochaline (20 min, 9 à 11 bateaux/j., *calmac.co.uk*).
- Seule station essence : Lochaline filling station, à Lochaline.

Se déplacer en bus dans le Morvern :

- Du lun. au ven., la ligne 507 (1 ou 2 bus/j. en début de matinée) dessert – au départ de Lochaline – Claggan, Inversanda et Corran Ferry.
- Depuis Corran Ferry ou Inversanda, le retour à Lochaline n'est possible que le mar. et jeu. après-midi.
- Depuis Claggan, le retour à Lochaline est possible t.l.j. sauf ven., sam., dim.
- *shielbuses.co.uk*

Rejoindre Ballachulish depuis le Morvern :

- Ferry Ardgour-Corran (1 bateau ttes les 20 ou 30 min, *highland.gov.uk*) puis route 82, desservie par les bus Citylink et Shiel (30 min).
- *citylink.co.uk ou shielbuses.co.uk*

Infos touristiques

- *westhighlandpeninsulas.com*

Dormir :

- Highland Base Camp, Lochaline, *highlandbasecamp.com*
- The Inn at Ardgour, Ardgour (Corran ferry), *ardgour.biz*

Manger :

- À Lochaline : Snack Bar (à emporter) et Lochaline Stores (pique-nique).
- À Ardgour (Corran Ferry) : The Inn at Ardgour (pub).
- En chemin, pas de restauration possible en dehors du Boathouse de Kingairloch, ouv. en été, sur réservation, 12 h-14 h 30 (sam.-dim.) et 17 h-20 h 30 (ven.-dim.), *boathouserestaurant.co.uk*

L'île d'Erraid

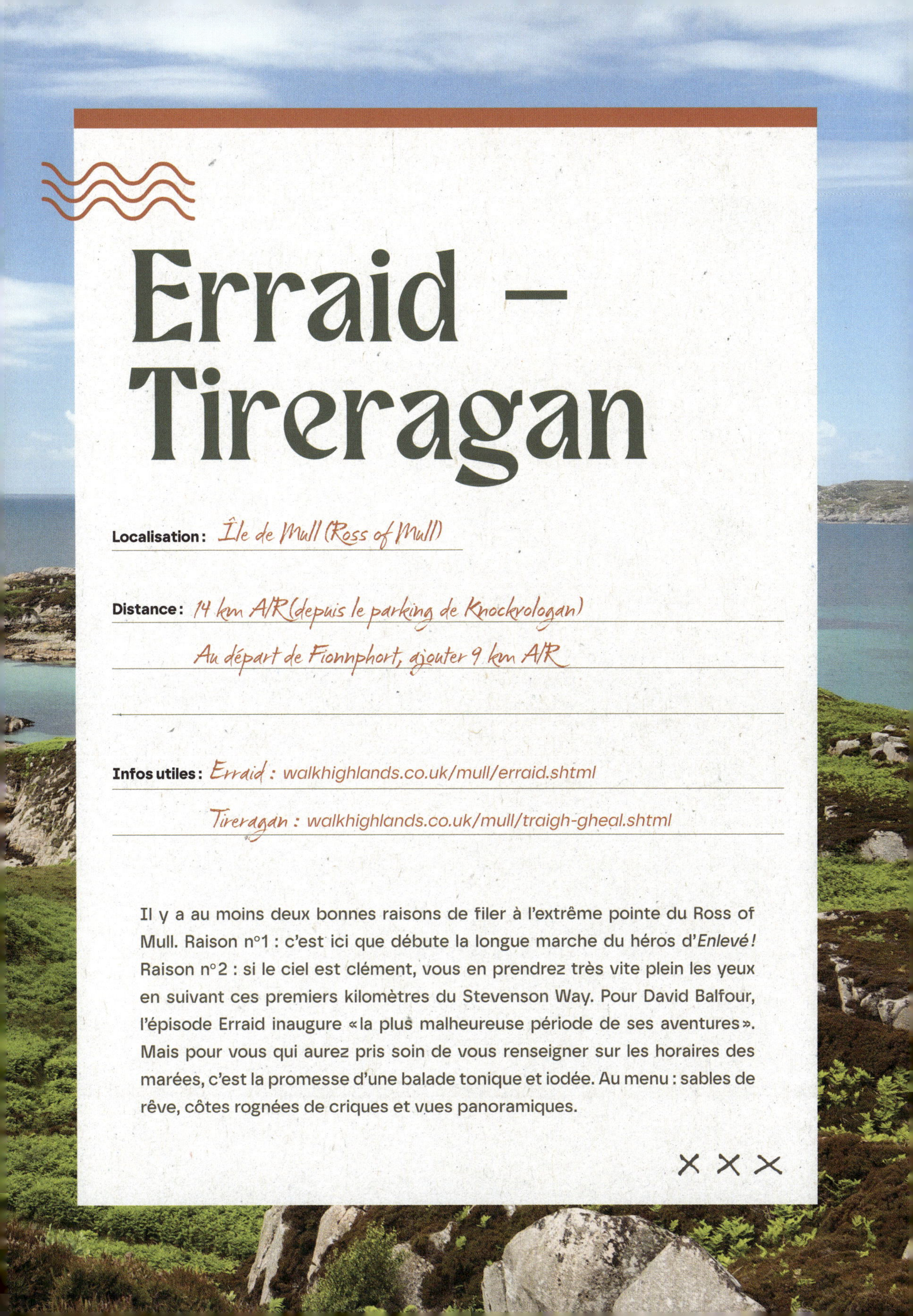

Erraid – Tireragan

Localisation : Île de Mull (Ross of Mull)

Distance : 14 km A/R (depuis le parking de Knockvologan)

Au départ de Fionnphort, ajouter 9 km A/R

Infos utiles : Erraid : walkhighlands.co.uk/mull/erraid.shtml

Tireragan : walkhighlands.co.uk/mull/traigh-gheal.shtml

Il y a au moins deux bonnes raisons de filer à l'extrême pointe du Ross of Mull. Raison n°1 : c'est ici que débute la longue marche du héros d'*Enlevé !* Raison n°2 : si le ciel est clément, vous en prendrez très vite plein les yeux en suivant ces premiers kilomètres du Stevenson Way. Pour David Balfour, l'épisode Erraid inaugure « la plus malheureuse période de ses aventures ». Mais pour vous qui aurez pris soin de vous renseigner sur les horaires des marées, c'est la promesse d'une balade tonique et iodée. Au menu : sables de rêve, côtes rognées de criques et vues panoramiques.

XXX

On nomme « Ross of Mull » – An Ros Mhuileach en gaélique – la longue péninsule du sud-ouest de l'île de Mull qui pointe son doigt vers l'Atlantique. La route qui la dessert est étroite, mais jalonnée de *passing places* en nombre suffisant. Si vous n'êtes pas familier du croisement sur voie unique, mieux vaut compter 1h30 en haute saison pour parcourir les 65 km qui séparent Craignure de Fionnphort où vous pourrez poser vos valises : ce petit port réunit arrêt de bus, *bed & breakfast* et pub sympa. Vous préférez camper ? Optez pour Fidden, à 2 km au sud de Fionnphort : vous serez aux premières loges pour entreprendre cette randonnée d'autant plus originale qu'elle est conditionnée par les horaires des marées. C'est la mer qui dicte l'ordre du jour ! Elle est haute en matinée ? Commencez par Tireragan. Vous aurez tout loisir au retour de rallier le chenal en passant par la pâture de Knockvologan. Rappelez-vous : vous disposez de 3 heures, une heure et demie avant la morte-eau et une heure et demie après. Passé ce délai, vous serez prisonnier de l'île, comme David !

Escale à Erraid

La toute première fois que le regard de Robert Louis Stevenson croise ce chaos de granit et de fougères, c'est depuis le hublot d'un bateau, lors d'une croisière avec ses parents. Il a 15 ans. La vision ne le laisse pas indifférent puisqu'en mars 1885, lorsqu'il s'attelle à la rédaction d'*Enlevé !*, le romancier fait de cet îlot de 2 km² le théâtre des trois premiers jours qui suivent le naufrage de son jeune héros des Basses-Terres, David Balfour, impuissant à franchir la mer qui sépare l'île du Ross of Mull, condamné à se nourrir de bigorneaux et à grelotter de froid, avant de comprendre qu'Erraid est une *tidal island*, une île accessible à marée basse au point le plus étroit du détroit. De nos jours, Erraid (Eilean Earraid) est la propriété d'une famille néerlandaise qui en a confié la gestion à une communauté *new age*, la fondation Findhorn. Et la crique où David s'est échoué porte désormais le nom de Balfour's Bay. Posez-vous sur le sable blanc, respirez à fond, contemplez l'eau turquoise : ici, il n'y a que des bonnes *vibes* !

Fionnphort, Ross of Mull

Un balcon sur l'île

D'avril à septembre, on peut planter sa tente face à l'île d'Erraid : la ferme de Fidden - 20 vaches et 600 moutons - s'est dotée de tout le nécessaire (machines à laver, séchoirs, réfrigérateurs…) pour accueillir dignement les campeurs dans son petit coin de paradis avec accès direct à la mer. Pas de réservation possible : premier arrivé, premier servi ! Une période à éviter si l'on veut être au calme ? Le week-end de la Pentecôte. *fiddenfarm.co.uk*

Balfour's Bay, Erraid

Thomas Stevenson

En 150 ans, trois générations de Stevenson ont érigé pas moins de 212 phares sur les côtes d'Écosse ! Et c'est le père de Robert, Thomas, qui a conçu celui de Dubh Artach, au large d'Erraid. Un chantier colossal, encore compliqué par les conditions météo extrêmes, mais aussi par le refus initial du duc d'Argyll, propriétaire de l'île, qui a longtemps retardé sa mise en chantier, pourtant urgente : dans ces parages, les naufrages étaient fréquents (ce qui n'a d'ailleurs pas manqué d'inspirer à Louis « La perte du brick », au chapitre 13 d'*Enlevé !*). Durant les travaux, Erraid et sa carrière étaient une vraie petite ruche ! Grues, rails, wagonnets… : il a fallu 4 ans pour acheminer 3 115 tonnes de pierres jusqu'au récif de Dubh Artach – on le voit par la fenêtre de l'observatoire blanc – et 2 autres pour bâtir la « rue » avec les cottages destinés aux gardiens et à leur famille (les enfants étaient scolarisés sur place). C'est dans la dernière maison, au bord de la grève, que Louis séjourna durant l'été de ses 20 ans (1870).

En 150 ans, trois générations de Stevenson ont érigé pas moins de 212 phares sur les côtes d'Écosse !

Traigh Geal ou Baie de Balfour

À 360 degrés

Rien de tel que le Tòrr Fada (87 m) pour prendre de la hauteur. Par temps clair, ce sommet offre une vue panoramique sur le Ross of Mull : on distingue non seulement les îles d'Erraid et Iona à l'ouest, la petite Eilean a'Chalmain juste au sud, mais aussi la lointaine Coll au nord-ouest. Au nord se profilent la péninsule d'Ardmeanach, reconnaissable à son massif plateau de lave, et le Ben More, point culminant de Mull (966 m) et seul point de repère dont disposait David Balfour pour s'orienter dans ce « terrain raboteux et sans chemin frayé ».

Il paraît qu'autrefois, le Ben More était l'antre de la plus redoutable des sorcières de Mull, la Doideag.

Entre orpins et orchidées

Parce qu'il est aujourd'hui préservé de la gourmandise des moutons et des vaches, le domaine de Tireragan (Tir Fhearagain sur la carte) offre un formidable concentré de biodiversité sur 625 ha. Pipit des prés, hibou des marais, orpin âcre et orchidée tachetée… : le Stevenson Way a l'art de se faufiler dans ce petit royaume classé réserve naturelle en passant par un vieux bois de noisetiers et par les *tobhtaichean* – les « ruines » – de Tireragan, neuf enclos et maisons du XVIIIe siècle, dont les murs ont été arrondis aux angles pour mieux résister aux rafales des vents. Une centaine de personnes ont vécu jusqu'en 1853 dans ce hameau relié par un chemin aux fermes d'Ardalanish, Ardachy, Scoor et Shiaba. Avant d'être expulsés par le duc d'Argyll, ils vivaient de leurs récoltes de pommes de terre et des algues qu'ils ramassaient sur la plage de Tràigh Ghael en contre-bas. Les algues étaient brûlées sur place et leurs cendres vendues aux fabricants de poudre à canon. Sous le soleil, la plage est magique (rajouter 2 heures A/R).

Les *blackhouses*

Du temps de Stevenson, la plupart des maisons du Ross of Mull étaient des chaumières (*taighean dubha*) comme celle, aujourd'hui en ruine, de Toba Bhreaca où vécut, jusque dans les années 1960, Mary Cameron. Un voyageur français, Frédéric de Mercey (1803-1860), se souvient d'une nuit sur un fagot de bruyère dans l'une de ces «maisons noires» : «La pièce que nous occupions était une succursale du poulailler. Notre hôte était debout, allumant les dalles de tourbe humide entassées au milieu de la pièce. La fumée, qu'aucun tuyau n'emprisonnait, se répandait librement dans la chambre. Il fallut m'enfuir tout en larmes pour respirer l'air frais du matin. C'est alors seulement que j'eus une idée bien nette de la maison dans laquelle je venais de dormir : une hutte construite en cailloux bruts et en galets, dont les interstices étaient remplis de vase. Sur le toit de chaume et de bruyère, on avait posé quelques grosses pierres pour empêcher la maison de prendre son vol quand soufflent les vents de mer.»

Sur le toit de chaume et de bruyère, on avait posé quelques grosses pierres pour empêcher la maison de prendre son vol quand soufflent les vents de mer.

Un petit creux ?

Du très élégant restaurant Ninth Wave au petit kiosque à fruits de mer The Creel, Fionnphort a plus d'un tour dans son sac. Pour dîner assis sans trop débourser, il y a le sympathique pub The Keel Row qui sert dès 17h30 des moules d'Inverlussa et un *teuchter chicken* farci au haggis sauce whisky (*teuchter* est un terme désobligeant dont les Lowlanders affublent encore, parfois, les Highlanders !). Réservation indispensable, *thekeelrowmull.co.uk*

Y aller : *en voiture*

Ferry Oban-Craignure (50 min, *calmac.co.uk*), route jusqu'à Fionnphort, se garer à Knockvologan, ni devant le hangar ni devant les portails.
Seule station essence : Ardfenaig filling station, entre Bunessan et Fionnphort ; ouv. 9h-18h (fermée le dim.).

Y aller : *en bus*

Ferry Oban-Craignure (50 min, *calmac.co.uk*), bus Craignure-Fionnphort (1h15, pas de bus le dim., *westcoastmotors.co.uk*), 1h de marche pour rejoindre Knockvologan (4,5 km).

Infos touristiques :

visitmullandiona.co.uk

Uisken – Shiaba

Localisation : Île de Mull (Ross of Mull)

Distance : 18 km A/R (depuis le parking d'Uisken)
Au départ de Bunessan, ajouter 4,5 km (Bunessan-Uisken) et 7,5 km (Shiaba-Scoor-Bunessan)

Infos utiles : Scoor-Shiaba : walkhighlands.co.uk/mull/shiaba.shtml

Prêt à suivre David Balfour en terre inconnue ? À prendre la direction de l'est, quitte à vous égarer vous aussi dans les landes du Ross of Mull ? Le pauvre Lowlander semble avoir dévié de sa « piste rustique et sinueuse » plus souvent qu'il ne l'aurait voulu. S'il était passé par Uisken (« petite eau »), où l'on distillait le whisky illégalement, il aurait pu emprunter le « chemin du cercueil » qui part de la grève. C'est celui que l'on vous invite à gravir, car il vous servira sur un plateau des vues spectaculaires et les restes d'un village abandonné, l'un des plus émouvants de Mull : Shiaba.

Kilvickeon Beach, île de Mull

Que vous soyez en bus ou en voiture, la porte d'entrée de cette microrégion s'appelle Bunessan, petit bourg de la côte nord du Ross, doté d'une épicerie (fermée le dim.), d'un *fish & chips* et d'un pub avec chambres. Le point de départ de la randonnée, lui, se situe 4,5 km plus au sud, à Uisken, qui n'a ni café, ni commerce, ni toilettes. Les premiers mètres du sentier, au bout de la grève d'Uisken, sont assez raides, mais la suite ne présente pas de difficultés majeures sinon que la lande est boueuse par endroits. Signalons, à l'attention des randonneurs sans voiture, qu'il est possible de regagner Bunessan sans repasser par Uisken : au retour de Shiaba, ils trouveront à Scoor une route secondaire dont les nids-de-poule mènent tout droit à Bunessan (5 km). Dernier conseil : si vous faites un crochet par l'irrésistible Kilvickeon Beach, regardez bien où vous mettez vos pieds : ici, c'est sur la plage que les huîtriers à long bec pondent leurs œufs.

La route de la faim

En 1847, le gouvernement britannique a pris la décision de construire une route entre Uisken et Bunessan pour que les pêcheurs puissent acheminer leur poisson par charrette sans avoir à contourner les perfides récifs de la pointe du Ross. 60 hommes et garçons des environs, touchés de plein fouet par les mauvaises récoltes de pommes de terre, ont été réquisitionnés pour travailler tous les jours à cette chaussée jusqu'en 1848, en échange d'une ration de gruau d'avoine et 2,6 shillings par semaine pour acheter du fromage. Les chargés de famille recevaient un pécule supplémentaire d'une demi-livre.

Tweeds à gogo

Ardalanish, à l'écart de la route d'Uisken, n'est pas une ferme comme les autres : Bob et Kathy Ryan y élèvent des moutons des Hébrides dont ils filent et tissent eux-mêmes la laine sur un métier des années 1950. Laine qu'ils prennent soin de teindre à l'aide d'extraits de jonquille, garance, réséda... Résultat : leur boutique foisonne de superbes plaids et *bothy mats* («tapis de refuge»)! Ardalanish Weavers : avril-oct. tlj., *ardalanish.com*

Dernier regard en arrière

Autrefois, les habitants d'Uisken, Ardchiavaig et Ardalanish convoyaient à pied le cercueil de leurs défunts jusqu'au cimetière de Kilvickeon. Comme le chemin est raide et malaisé (il grimpe au bout de la plage d'Uisken, entre rochers et fougères), les porteurs avaient l'habitude de reprendre leur souffle près du monticule de pierres (cairn) dénommé *The last look back*, «le dernier regard en arrière», qui offre des vues plongeantes sur la mer, l'île de Colonsay, les Paps of Jura et les fermes des trois hameaux. On se réchauffait le cœur en mangeant quelques biscuits (une nappe était posée sur le cercueil), arrosés d'un *dram* de whisky, et l'on portait un toast à la mémoire du défunt. Et chacun ajoutait une pierre au cairn. Il est arrivé par le passé que le cortège fût contraint de s'accorder – le défunt était-il un peu lourd ? – plusieurs pauses et verres supplémentaires. C'est seulement une fois arrivés au cimetière que les porteurs s'étaient rendu compte qu'ils avaient oublié le cercueil en chemin.

Un manteau de tourbe

Dans le Ross of Mull, la tourbe (*mòine* en gaélique, *peat* en anglais) était, jusqu'à un passé récent, le combustible n°1 pour cuire les aliments et se chauffer. Chaque famille avait besoin d'environ 15 000 briques de tourbe à l'année. Et la ressource était largement disponible puisqu'un tiers de la péninsule est recouvert d'un manteau de tourbe vieux de 6 000 ans, qui atteint par endroits 10 m d'épaisseur. Mais c'est une opération harassante : après avoir «épluché» la surface, les fermiers passaient de nombreuses heures, dès mai, à trancher la couche inférieure à l'aide d'un outil spécial, le *toirsgian*, qui coupe la tourbe à angles droits des deux côtés (un bon trancheur peut produire jusqu'à 1000 briquettes par jour). Ensuite, il fallait disposer ces briques en tas afin qu'elles sèchent. En marchant sur le Stevenson Way, vous repérerez aisément les lieux où la tourbe a été prélevée : ces rectangles de lande sont plus bas que les autres.

La route de la faim, entre Bunessan et Uisken

Cimetière de la chapelle de Kilvickeon

De l'âge du fer

Les côtes du Ross of Mull sont jalonnées de 22 fortins remontant à l'âge du fer. Le Stevenson Way passe au pied de l'un d'eux : le Dùn a Ghèard. Il a 2000 ans et n'est pas bien grand (11 m sur 9), mais il occupe une position éminemment stratégique sur son tertre escarpé. De là, on pouvait guetter les navires à l'approche. La plupart de ses pierres se sont écroulées et ont été réemployées au fil des siècles dans les enclos alentour, mais la base des murs reste parfaitement visible. Et il vous gratifie d'une vue épatante sur l'une des plus belles plages de Mull : Kilvickeon Beach.

Kilvickeon Chapel

Vous voyez la petite chapelle qui émerge d'un cimetière, non loin du loch Assapol ? C'est Cill mhic Eòghainn alias Kilvickeon, « la chapelle du fils d'Eoghan », neveu de saint Columba. Bâtie au XIIIe siècle et couverte d'un toit en chaume à l'origine, elle était, mine de rien, l'église paroissiale de tout le Ross of Mull jusqu'à la fin du XVIIIe siècle (le Ross, du temps de David Balfour, comptait près de 1500 habitants). Elle a été abandonnée en 1804, lorsque fut construite l'église de Bunessan, mais elle conserve, à l'intérieur du coffre en bois, une précieuse pierre tombale : celle de Mariota, comtesse du Ross, morte en 1440. N'hésitez pas à soulever le couvercle ! Quant à la curieuse sculpture en grès, très érodée mais toujours apposée à gauche du porche, il pourrait s'agir d'une *sheela-na-gig*, une femme nue au sexe surdéveloppé, censée repousser le diable. Il n'en existe plus que cinq dans toute l'Écosse. Les tombes, tout autour, portent les noms des familles du Ross : MacNevin, MacNeil, MacPhail, MacGillivray, Cameron et MacLean.

Les ruines du hameau de Shiaba

Au hameau des six vaches

Ici, la vue sur l'Atlantique est colossale ! On comprend qu'elle ait inspiré à Mary MacDonald (1789-1872) de nombreux poèmes. Elle ne savait pas un traître mot d'anglais, mais le chant de Noël dont elle est l'autrice, *Leanabh an àigh*, a fait le tour du monde sous le titre *Child in a Manger* (il a même été repris par Plácido Domingo !). Elle vivait à Shiaba (« les six vaches »), jusqu'au jour où le duc d'Argyll l'a expulsée en 1847, elle et ses 129 voisins, alors qu'ils avaient toujours payé leur loyer à temps. La plupart ont émigré au Canada, quelques-uns sont morts durant la traversée. Le hameau n'est plus que ruines. Seule la maison du berger tient encore debout : il était resté sur place pour s'occuper des moutons venus en masse remplacer les habitants. Le dernier berger est parti en 1937.

Nid douillet

Pour dormir au calme pas très loin de la plage, on peut bien sûr planter sa tente à Uisken, mais il y a plus cosy : la maison de Chris et Jo, l'une des plus accueillantes *guest houses* du Ross of Mull. Chacune de leurs chambres porte le nom d'une île alentour - Staffa, Scarba, Iona… - et chacune est un havre de quiétude ultra-propre. On peut même y dîner lun., mar. et mer. Ardachy House, sur la route d'Ardalanish, *ardachy.co.uk*

Y aller : *en voiture*

Ferry Oban-Craignure (50 min, *calmac.co.uk)*, route jusqu'à Bunessan puis route secondaire jusqu'à Uisken (parking près de la plage).
Seule station essence : Ardfenaig filling station, entre Bunessan et Fionnphort ; ouv. 9 h-18 h (fermée le dim.).

Y aller : *en bus*

Ferry Oban-Craignure (50 min, *calmac.co.uk*), bus Craignure-Bunessan (1 h 05, pas de bus le dim., *westcoastmotors.co.uk*) puis 1 h de marche pour rejoindre Uisken (4,5 km). Retour possible à Bunessan par la Scoor Road.

Infos touristiques :

visitmullandiona.co.uk

Un musée pour en savoir plus :

The Ross of Mull Historical Centre, Bunessan, romhc.org.uk

Lochbuie, île de Mull

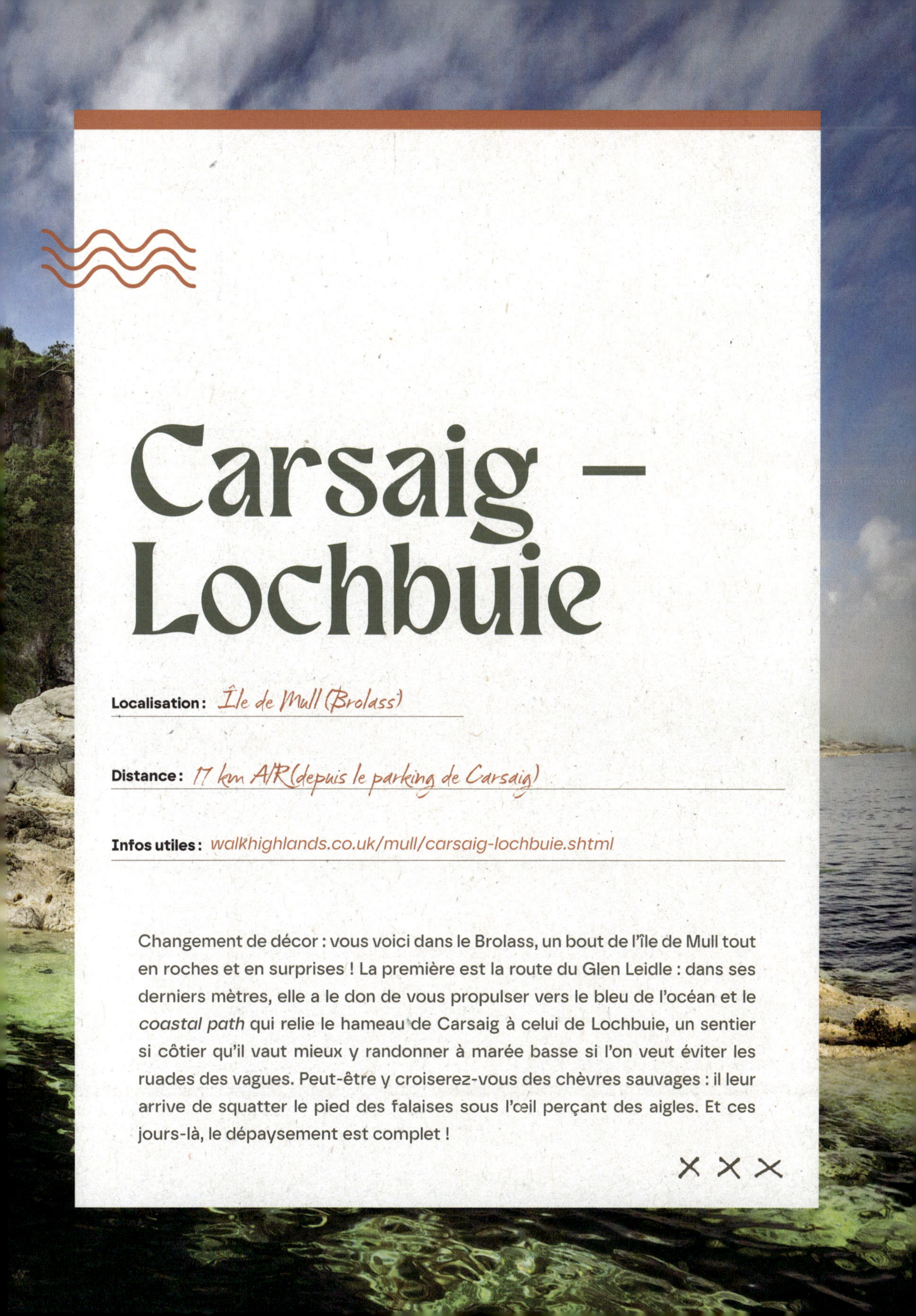

Carsaig – Lochbuie

Localisation : *Île de Mull (Brolass)*

Distance : *17 km A/R (depuis le parking de Carsaig)*

Infos utiles : *walkhighlands.co.uk/mull/carsaig-lochbuie.shtml*

Changement de décor : vous voici dans le Brolass, un bout de l'île de Mull tout en roches et en surprises ! La première est la route du Glen Leidle : dans ses derniers mètres, elle a le don de vous propulser vers le bleu de l'océan et le *coastal path* qui relie le hameau de Carsaig à celui de Lochbuie, un sentier si côtier qu'il vaut mieux y randonner à marée basse si l'on veut éviter les ruades des vagues. Peut-être y croiserez-vous des chèvres sauvages : il leur arrive de squatter le pied des falaises sous l'œil perçant des aigles. Et ces jours-là, le dépaysement est complet !

Cale de Carsaig

Sur la route, étroite et précaire, de Pennyghael à Carsaig, la prudence est de mise : non seulement les aires de croisement y sont rares, mais c'est une *weak road*, interdite aux véhicules trop lourds et trop larges. Pour avoir une chance de vous garer sur l'unique parking (il n'y a de place que pour 4 ou 5 voitures), mieux vaut arriver de bonne heure ! Le sentier, lui, n'a rien de compliqué : il était autrefois emprunté par les pèlerins. Le seul passage un peu délicat se situe à mi-parcours, après Rubha Dubh, près de la cascade : en vous aidant de la corde scellée dans la paroi, vous pourrez vous hisser sur la langue de rochers. Si l'aller-retour dans la journée vous paraît longuet, plantez votre tente près du café de Lochbuie (5 £/nuit). Ou bien scindez la balade : un jour, une première moitié – jusqu'à la corde – depuis Carsaig ; un autre jour, la seconde moitié, en partant cette fois de Lochbuie, accessible depuis Strathcoil par la superbe route du loch Spelve.

Chez les MacLean

Près de la cale de Carsaig, le hangar du pêcheur porte sur son pignon l'écu armorié et la devise du clan MacLean, « Mon honneur est ma vertu ». À l'origine, les MacLean étaient chargés par les abbés d'Iona de veiller sur les terres de Mull et une charte de 1540, signée de Jacques V, roi d'Écosse, avait confirmé leurs prérogatives et fait d'eux les plus grands propriétaires de l'île. Mais c'était compter sans l'ambition dévorante des Campbell d'Argyll qui rêvaient de l'annexer. Dès lors, l'histoire de Mull n'est plus qu'une longue suite de sanglantes batailles qui ont envoyé à la mort 700 hommes du clan et longtemps privé l'île des bras nécessaires pour labourer la terre.

En 1690, les Campbell profitent de l'imprudence des MacLean pour débarquer sur Mull avec 1900 soldats et s'emparer de leur château de Duart. Les hostilités se prolongent au XVIIIe siècle puisque les MacLean restent fidèles aux Stuart : lorsque Charles MacLean rencontre le prince Charles-Édouard (dit Bonnie Prince Charlie) en 1746 et lui serre la main, il est si ému qu'il décide de ne plus jamais serrer une main que de la gauche… Ce n'est donc pas un hasard si – chapitre 15 – David Balfour, le héros d'*Enlevé !*, voit son hôte, Hector MacLean, « homme fort poli et bien élevé », porter un toast au prince Stuart.

La «vache du pauvre»

Fascinantes, ces chèvres sauvages à grandes cornes qui errent le long des côtes les plus reculées de Mull ! Elles descendent tout droit des troupeaux que les fermiers, au milieu du XIXe siècle, ont dû abandonner derrière eux lorsqu'ils ont été expulsés du Ross. Elles n'aiment pas trop la pluie – vous les verrez se réfugier dans les grottes – mais elles affectionnent les zones rocheuses de bord de mer et elles ont le pied presque aussi sûr qu'un bouquetin des Alpes. Autrefois, la *Capra hircus hircus* était surnommée la «vache du pauvre» : elle n'a pas besoin de fourrage supplémentaire – elle se contente d'algues, de mauvaises herbes, de petites branches (et de l'écorce des arbres quand il n'y a plus rien d'autre) – et donne encore du lait durant les périodes où les vaches sont taries. Leurs «tribus» sont très hiérarchisées : mâles et femelles forment des bandes séparées et ne se rencontrent qu'en septembre-octobre. Les chevreaux naissent à la fin janvier. Seuls les plus robustes survivent à l'hiver. Les plus faibles sont généralement victimes des aigles qui hantent le Beinn Chàrsaig (449 m).

Chèvres sauvages

Aux yeux de soleil

Si l'on détache ses yeux du sentier, on voit planer haut dans le ciel, au-dessus des falaises et des collines, des buses mais aussi deux rapaces de grande envergure : le *white-tailed eagle* alias pygargue à queue blanche – joliment dit *iolair sùil na grèine* en gaélique, «l'aigle aux yeux de soleil» – et le *golden eagle* ou aigle royal *(iolair bhuidhe)*. Réintroduit en 1975 sur l'île de Rùm, il a depuis colonisé Skye, la côte ouest des Highlands et Mull.

Scènes de labour

Peut-être remarquerez-vous çà et là d'étranges ondulations dans l'herbe. L'été, elles se dérobent au regard, tant elles sont noyées sous la fougère, mais le reste du temps, on les voit s'étirer en lanières parallèles : ce sont des vestiges de plates-bandes autrefois cultivées de pommes de terre ou d'avoine. Comme, en ces contrées, la couche d'humus n'est pas très épaisse, les paysans ont dû inventer une manière différente de travailler le sol : ils répandent un long lit d'algues sur la terre et, à gauche du lit, à l'aide d'un *cas-chrom* (un «pied tordu»), ils soulèvent les mottes de terre qu'ils rabattent sur une moitié du lit d'algues; ils font de même à droite, augmentant ainsi l'épaisseur du terreau. Ces plates-bandes bombées, très particulières, portent le nom de *feannagan* en gaélique, *lazybeds* en anglais. On en trouve jusqu'au pied des falaises !

Le gaélique

En 1752, lorsque David Balfour accoste à Mull, la langue parlée dans l'île est le gaélique. Il en fait d'ailleurs très vite l'expérience : il ne comprend ni ce que lui crient les pêcheurs, au large d'Erraid, ni ce que lui répondent les paysans croisés en chemin. L'anglais, à l'époque, était une langue étrangère : en dehors des pasteurs, régisseurs et chefs de clan, rares étaient ceux à savoir quelques mots d'anglais. Ce n'était plus le cas au seuil du XXe siècle : les gaélophones monolingues ne représentaient plus que les deux tiers de la population d'Uisken et Ardchiavaig; et déjà 6 personnes résidant à Bunessan ne savaient que l'anglais : la veuve d'un colporteur de Bristol, le commis d'un négociant de Glasgow, un vacher en retraite originaire d'Islay, et un boulanger et ses deux enfants. C'est au lendemain de la Seconde Guerre mondiale que le déclin s'est amorcé. S'il revenait aujourd'hui, David aurait peine à trouver un locuteur de gaélique : l'anglais s'est imposé partout. De nos jours, 53 habitants du Ross of Mull et du Brolass savent encore la langue de leurs ancêtres : 18 du côté de Fionnphort, 26 autour de Bunessan et 9 à Pennyghael et Carsaig.

Troglodytes

Coussinets de lave, ressauts de basalte... : sur ce tronçon de la côte, les falaises illustrent à merveille la genèse de cette île occupée par les épanchements d'un grand volcan (le cratère se situait au centre de Mull). Ces murailles noires où dévalent des cascades sont creusées de nombreuses grottes, manifestement habitées dès l'époque mésolithique : certaines portent encore, gravés dans les parois, des anneaux concentriques clairement préhistoriques. D'autres symboles (chrétiens, notamment) datent du haut Moyen Âge (VIe-IXe siècles). D'autres encore, du temps des expulsions, telle la «grotte des tailleurs» (Uaimh nan Taillearan), cachée par un muret. Le niveau du sol était plus bas qu'il ne l'est aujourd'hui.

Un thé face au loch

Le café de Lochbuie? Difficile de le rater : son toit rouge est comme un phare au fond de la baie! Il est tout simple, mais il a l'art de se faire appétissant avec des scones crème et confiture, un *flapjack* énergisant, un burger de cerf au fromage fumé... Tout est local et se savoure face au loch, les jumelles à portée de main pour regarder aigles et dauphins (juin-juil.). Old Post Office, mars-oct., 10h-15h30, *oldpostofficelochbuie.co.uk*

La grotte de Rubha Dubh

Y aller : *en voiture*

Ferry Oban-Craignure (50 min, *calmac.co.uk*), route jusqu'à Pennyghael puis route secondaire jusqu'à Carsaig (6,5 km ; parking avant la cale).

Y aller : *en bus*

Ferry Oban-Craignure (50 min, *calmac.co.uk*), bus Craignure-Pennyghael (40 min, pas de bus le dim., *westcoastmotors.co.uk*) puis 1h45 de marche pour rejoindre Carsaig (6,5 km).

Campings :

À Pennyghael : *portnangael.co.uk*
À Lochbuie : *oldpostofficelochbuie.co.uk*

Infos touristiques :

visitmullandiona.co.uk

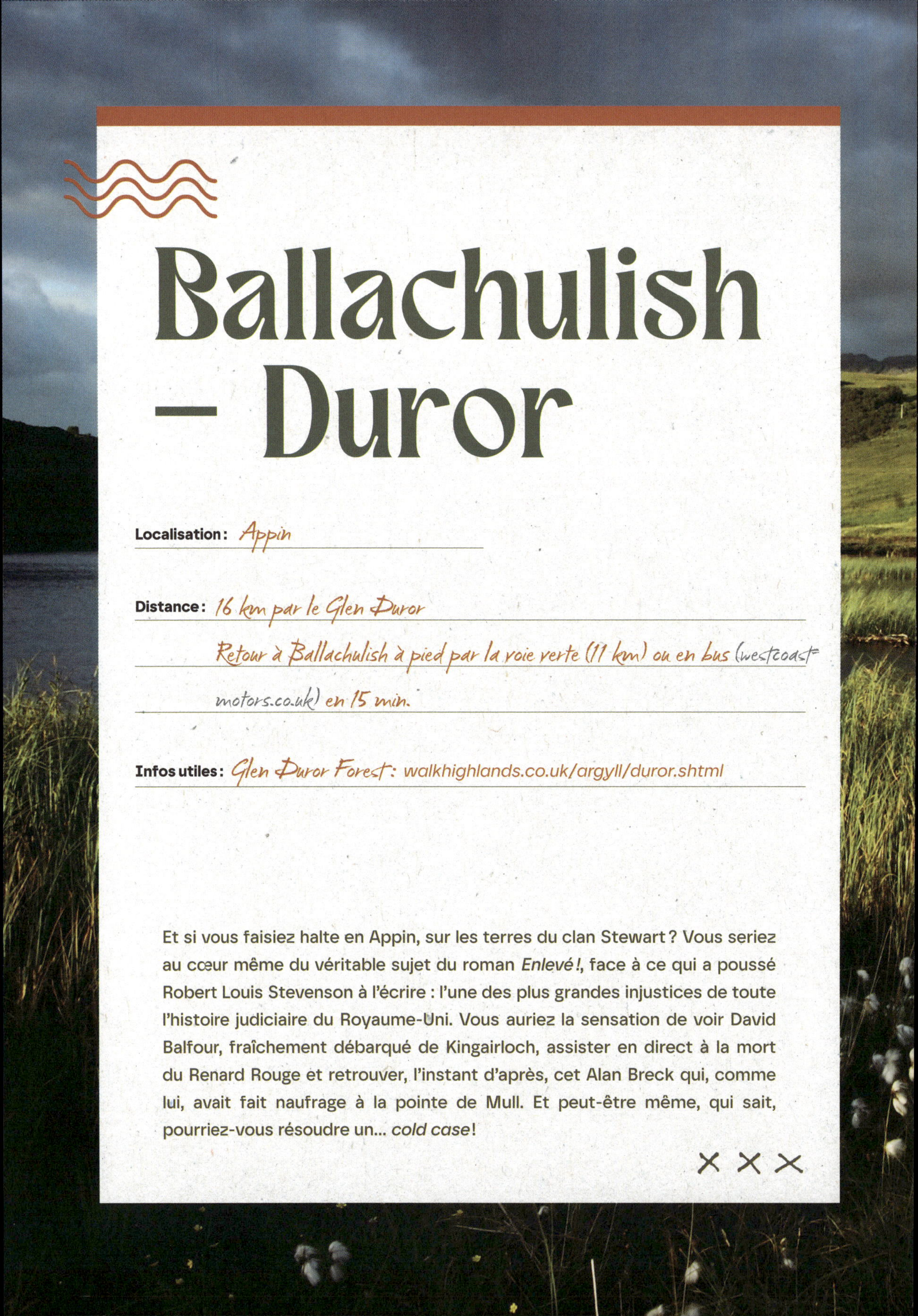

Ballachulish – Duror

Localisation : Appin

Distance : 16 km par le Glen Duror

Retour à Ballachulish à pied par la voie verte (11 km) ou en bus (westcoast-motors.co.uk) en 15 min.

Infos utiles : Glen Duror Forest : walkhighlands.co.uk/argyll/duror.shtml

Et si vous faisiez halte en Appin, sur les terres du clan Stewart ? Vous seriez au cœur même du véritable sujet du roman *Enlevé !*, face à ce qui a poussé Robert Louis Stevenson à l'écrire : l'une des plus grandes injustices de toute l'histoire judiciaire du Royaume-Uni. Vous auriez la sensation de voir David Balfour, fraîchement débarqué de Kingairloch, assister en direct à la mort du Renard Rouge et retrouver, l'instant d'après, cet Alan Breck qui, comme lui, avait fait naufrage à la pointe de Mull. Et peut-être même, qui sait, pourriez-vous résoudre un… *cold case* !

× × ×

Cuil Bay, près du village de Duror

Un coup d'œil à la carte : l'Appin, pays des clans loyaux et des causes perdues, se situe à mi-chemin d'Oban et de Fort William, plus précisément entre le loch Linnhe à l'ouest, le loch Leven au nord, le loch Creran au sud. Et il a un gros atout pour les randonneurs : Ballachulish ! Desservi par de nombreux bus et relié à Glencoe (2 km) par une voie verte, ce bourg est doté d'une vraie supérette, d'un café-office de tourisme et d'une poignée d'adresses où dormir et se restaurer. Une base parfaite pour arpenter le Stevenson Way ! Comme il est du genre « ardu » dans ces parages, nous vous proposons ici une version simplifiée qui renonce au Glen Creran et débute par le Gleann an Fhiodh au départ de Ballachulish (la carte OS Landranger n° 41 vous sera indispensable pour ne pas vous égarer dans les allées forestières du Glen Duror). Une fois à Achadh nan Darach (Achindarroch), vous pourrez rentrer en bus à Ballachulish ou emprunter la voie verte qui côtoie le cairn du Renard Rouge au flanc du Lettermore et le mémorial de James Stewart à Cnap a'Chaolais.

Beinn a'Bheithir

Le Glen Duror

Ballachulish a la forme d'un triangle. Si vous visez sa pointe sud, vous atteindrez bientôt une côte : elle conduit, au-delà de l'école, à un portail de ferme, prélude au *public path* qui sinue dans le Gleann an Fhiodh. Un paysage quasi alpestre avec de généreuses forêts, de larges vues sur le loch Leven et un vieil enclos destiné aux jours de tonte. C'est après le cairn que le sentier file vers le Glen Duror, une vallée longue de 5 km, enserrée entre le Beinn a'Bheithir (1001 m) et le Fraochaidh (879 m). Elle est le berceau de James Stewart of the Glen – Seumas a'Ghlinne, de son nom usuel (1698-1752) – qui vécut longtemps à Acharn dans une maison dont il restait encore, en 1950, les quatre murs. Lorsque le ciel est bleu et que le coucou chante, ce vallon reboisé par l'Office des forêts est si plaisant que l'on peine à imaginer à quel point la vie y était difficile au XVIIIe siècle. Ses habitants étaient sans cesse harcelés par leurs voisins, les Campbell, un clan âpre au gain, presbytérien et farouchement anti-Stuart.

Moutons blackface

Les grands moutons

Vous en verrez de deux sortes : les *cheviot* à face blanche et les *blackface* à tête noire. Ces deux races venues du nord de l'Angleterre ont été introduites en masse dans les Hautes-Terres d'Écosse à la fin du XVIIIe siècle, juste après l'éviction planifiée (*clearances*) de la population gaélophone par les propriétaires terriens. Cette période, qui voit nombre de familles de l'Appin brutalement déportées en Caroline du Nord (où elles fonderont la cité de Stewartville), s'appelle aussi *Bliadhna nan caora mhòr*, « l'année des grands moutons ». Des moutons voraces, qui ont besoin d'immenses pâtures, distinctes en fonction de leur âge et de leur sexe. Les troupeaux, laissés en liberté une bonne partie de l'année, sont plus rentables que les vaches et leur laine est d'un haut rendement, ce qui n'a pas échappé aux propriétaires, impatients d'en tirer de gros profits. Dès le seuil du XIXe siècle, l'élevage était devenu si extensif que toutes les Hautes-Terres étaient passées « sous mouton » (*under sheep*). Même la monnaie de compte était devenue le mouton qui servait d'étalon : une vache = 5 moutons, 1 cheval = 8 moutons... Ils sont aujourd'hui 6 730 000 en Écosse.

Voie verte entre Duror et Ballachulish

La voie verte

Au sortir du Glen Duror, il est possible de regagner Ballachulish à distance respectable des voitures de l'A828 grâce à la paisible voie verte aménagée à l'emplacement d'une ligne de chemin de fer. Petit flash-back : au XIXe siècle, Ballachulish était une vraie ruche industrielle ! Plus de 580 ouvriers, formés par des carriers d'Easdale et du Pays de Galles, s'activaient à y extraire et à tailler des millions d'ardoises (26 pour la seule année 1875), exportées vers l'Angleterre et les États-Unis. Pour faciliter les déplacements entre Ballachulish et Connel Ferry, une voie ferrée avait été inaugurée en 1903, que l'on surnommait « le *Gaelic Express* ». Elle fut démantelée (1966) après la fermeture de la carrière, mais elle a été convertie en piste cyclo-piétonne : une belle initiative !

Scène de crime

D'autant que cette voie verte a le mérite de passer au ras du bois de Lettermore (An Leitir Mhòr), où David Balfour s'est arrêté pour demander son chemin à un passant qui n'est autre que Colin Campbell of Glenure. Surnommé *Cailean Ruadh*, « Renard Rouge », ce Campbell n'est pas un personnage de fiction : il est régisseur de plusieurs domaines pour le compte du roi et vient en Appin percevoir des loyers et remettre quelques lettres d'expulsion. Déjà, fin 1750, il avait sommé Seumas a'Ghlinne de quitter le Glen Duror avant l'été. Tout le monde, en Appin, s'attendait à la venue de ce Renard qui a douze pelotons de soldats sous ses ordres. Et personne n'ignore ce qu'ils ont fait en mars 1746 dans le Morvern avec le renfort d'un navire nommé *The Terror* : 400 maisons et granges ont été brûlées, les femmes et les enfants condamnés à mourir de froid dans la neige. Nul n'a donc été surpris d'apprendre que l'agent du roi a été abattu dans le bois de Lettermore ce 14 mai 1752, à 17 h 30. Depuis, un cairn a été édifié sur les lieux de sa mort, au bout d'un sentier balisé d'une croix jaune sur fond bleu : les couleurs du régiment d'Appin.

James of the Glen

Plus émouvant est le monument érigé à l'endroit même où Seumas a'Ghlinne a été pendu, sans une once de preuve, pour un crime qu'il n'a pas commis. Son procès, présidé par le duc d'Argyll en personne, chef du clan Campbell, avait tout d'une farce : sur les 15 membres du jury, 11 étaient des Campbell qui détestaient les Highlanders. À leurs yeux, ils n'étaient que des sauvages, une vermine bonne à être déportée loin du royaume. La sentence était donc connue d'avance : Londres avait décidé d'en faire un exemple et de mettre un terme une bonne fois pour toutes à l'activité des jacobites. Et comme James avait participé à la bataille de Culloden sous la bannière du régiment d'Appin, il était le bouc émissaire idéal. Il eut beau clamer son innocence et réciter en gaélique, au pied de la potence, ces vers du psaume 35 : *Dh'èirich fianaisean eucorach; chuir iad as mo leth nithean air nach robh fhios agam...* «de faux témoins se lèvent : ils m'interrogent sur ce que j'ignore, ils me rendent le mal pour le bien...», rien n'y fit. Le duc fut sans pitié : le corps de Seumas resta pendu et enchaîné des années durant, surveillé nuit et jour par un détachement de soldats pour empêcher quiconque de lui offrir une digne sépulture.

Mémorial de James of the Glen

Mais qui a tiré ?

James of the Glen? L'un de ses fils? Alan Breck? Ou Mungo, le neveu de Colin, qui rêvait d'occuper sa charge d'agent royal? Les chefs du clan Stewart connaissent l'identité du tueur mais leurs lèvres sont scellées depuis 1752. En 2001, Amanda Penman Stewart (89 ans) a révélé sur son lit de mort que l'assassinat du Renard Rouge avait été planifié à Lochan Blàr nan Lochan, sans l'accord de James, par quatre grands fermiers d'Appin qui ne portaient pas les Campbell dans leur cœur. Serait-ce le plus habile des quatre, Donald Stewart of Ballachulish, qui aurait tiré?

Y aller : *en voiture*

Depuis Oban: 52 km par l'A828. Depuis le débarcadère du ferry d'Ardgour : 10 km par l'A82. De Glasgow : 139 km par l'A82.

Y aller : *en bus*

Depuis Oban: 1h05 (*westcoastmotors.co.uk*). Depuis le débarcadère du ferry d'Ardgour: 15 min (*citylink.co.uk*). De Glasgow : 2h45 (*citylink.co.uk*)

Hébergements :

Nombreux *B&B* et *guest houses* à Ballachulish même, dont le **Park View** (*parkviewscotland.co.uk*) et la **Fern Villa Guest House** (*fernvilla.scot*)

Se restaurer :

Quarry Café : Ballachulish Visitor Centre, *ballachulishvisitorcentre.co.uk*
Quarrier's Kitchen : 53 Loanfern, *quarriers-kitchen.yolasite.com*

La vallée de Glen Coe

Glen Coe

Localisation : Glen Coe

Distance : Boucle au départ du village de Glencoe par l'orbital rack → 7 km

Montée au Pap of Glencoe → 7 km A/R (4-5 h)

Infos utiles : Pap of Glencoe : walkhighlands.co.uk/fortwilliam/papofglencoe

Pas de doute : avec ses sombres sommets qui vous font vous sentir tout petit, la vallée encaissée de Glen Coe est l'une des plus impressionnantes des Highlands. Et cela se sait ! D'autant qu'elle sert souvent de décor de cinéma, de *Braveheart* à *Skyfall* en passant par *Harry Potter*... Sur le chemin qui mène du Signal Rock au Pap of Glencoe, vous ne serez donc pas le seul marcheur à remonter le temps jusqu'en 1692... Malgré tout, la magie opère, surtout si le ciel est bleu : la vue depuis le Pap avant le coucher du soleil devrait être l'un de vos plus beaux souvenirs du Stevenson Way.

X X X

Qui dit Glen Coe pense souvent «randonnées techniques» et «mollets en surchauffe». Il est vrai que les pros qui suivent à la lettre le Stevenson Way débouchent dans la vallée, face au Signal Rock, au terme d'une épineuse marche via le Glen Creran et Fionn Ghleann. Mais rassurez-vous : à Glen Coe, il y en a pour tous les goûts! Grâce à l'Orbital track qui passe par Inverigan House, on rejoint sans effort Signal Rock (même s'il manque encore le tronçon de 1,5 km entre le Visitor Centre et le parking An Tòrr). Et les chemins forestiers gérés par le National Trust sont faciles et bien balisés. Après une halte à l'auberge de Clachaig, vous serez d'attaque pour longer la vieille route vers Bridge of Coe – ce sentier-là fait partie du Stevenson Way – et peut-être même pour grimper vers le Pap of Glencoe (Sgorr na Ciche, dénivelé 713 m). Attention : si vous n'avez pas le pied sûr et si les nuages sont bas, renoncez! Un petit tour au Glen Coe Lochan (3 km A/R) saura clore votre journée en beauté.

Signal Rock

Au bout du chemin balisé *Blue trail*, vous trouverez un rocher juché sur une butte dite Tom a'Ghrianain, la «colline du soleil». Était-il associé à quelque rituel pré-chrétien? Servait-il, en cas d'urgence, de point de ralliement au clan MacDonald of Glencoe? C'est lui, en tout cas, qui a inspiré à Stevenson le «gros roc de vingt pieds de haut à première vue inaccessible» où nos deux fugitifs sont restés à «frire au soleil, telles des châtaignes à la poêle». Mais du temps de Breck et Balfour, le rocher était visible de toutes parts : il n'y avait aucun arbre alentour (Lord Strathcona, propriétaire de la vallée, ne les a plantés qu'à la fin du XIXe siècle).

Les tuniques rouges

Du haut de ce rocher, Alan et David aperçoivent «un campement de soldats rassemblés autour d'un grand feu» : ce sont des *redcoats* (*saighdearan dearga*), un corps d'infanterie recruté en Angleterre et dans les Basses-Terres d'Écosse, qui patrouille baïonnette au poing dans les Highlands pour traquer les jacobites – les partisans du prince Charles-Édouard – et veiller à l'application des lois de 1747 qui interdisent, entre autres, le port des armes et du kilt (porter le kilt entre 1747 et 1782 vous aurait valu six mois de prison et sept ans d'exil en cas de récidive). Mais les Highlanders, très agiles (ils connaissent le terrain mieux que leur *sporran*) donnent du fil à retordre à ces soldats vêtus de rouge qui stationnent à Fort William, sous le commandement de l'odieux capitaine Caroline Scott. Depuis sa plus tendre enfance, le Highlander s'exerce à se fondre dans le paysage et multiplie les tests d'endurance. Les garçons jouent à qui gravira le plus vite le flanc d'un mont (le premier arrivé a droit à un *bannock*, un petit pain). Difficile de rivaliser avec une telle préparation!

Sur le sentier de Signal Rock

Le massacre

Durant l'hiver 1692, une troupe de 120 soldats commandée par le zélé capitaine Robert Campbell of Glenlyon s'arrête à Glencoe, fief des MacDonald of Glencoe. Sont-ils là pour confisquer nos armes? Pour percevoir un arriéré d'impôts? Le fils du chef de clan va à leur rencontre et leur demande : «Venez-vous en amis ou en ennemis?» «En amis, répond le lieutenant, nous avons juste besoin de votre hospitalité, il n'y a plus de place, ces jours-ci, dans la garnison de Fort William.» MacIain, le chef du clan, leur offre le gîte et le couvert. Les soldats s'installent à 4 ou 5 dans chacune des chaumières de la vallée. Ils y restent deux semaines. Et à l'aube du 14e jour, le 13 février, ils passent leurs hôtes par le fil de l'épée et incendient toutes les maisons des trois hameaux simultanément. Tout cela parce que MacIain, réputé jacobite, avait tardé à signer le serment d'allégeance au nouveau roi, Guillaume III. En chemin, vous verrez les ruines d'Inverigan et les neufs pins plantés en mémoire des 9 habitants qui ont été ici, comme 30 autres, «massacrés pour le bien de l'État».

Monument commémorant le massacre du clan des MacDonald

Pap of Glencoe

Ceux qui ont échappé au massacre sont partis se réfugier dans les montagnes mais, croyant que les soldats allaient revenir, n'ont pas osé redescendre dans la vallée. Beaucoup sont morts de froid. D'autres ont réussi à braver le blizzard et à marcher vers Kinlochleven, fief des MacDonald of Keppoch, en passant au pied du Pap of Glencoe et en dévalant le coteau à travers la bruyère. C'est le chemin qu'ont dû emprunter Breck et Balfour 60 ans après le massacre. Si la visibilité est bonne, on peut tenter l'ascension (742 m) pour profiter de la vue sur le loch Leven. Si le ciel est bouché, mieux vaut rester sur le plancher des vaches : le Glen Coe Lochan, à portée de pieds, est un amour de lac entouré d'un rideau de séquoias et de pins de Douglas. Pour un peu, on se croirait dans les Rocheuses! Il est vrai que Lord Strathcona l'a paysagé spécialement pour faire plaisir à son épouse, originaire du Canada...

Y aller *en voiture* **ou** *en bus*

Depuis Ballachulish : 2 km par l'A82; 5 min en bus (*shielbuses.co.uk* ou *citylink.co.uk*). De Glasgow : 138 km par l'A82; 2 h 45 en bus (*citylink.co.uk*).

Hébergement :

Glencoe Youth Hostel – Glencoe. *hostellingscotland.org.uk/hostels/glencoe*
Clachaig Inn – Glencoe. *clachaig.inn*

Se restaurer :

Clachaig Inn – Old Village Road. *clachaig.inn*
Crafts & Things – Glencoe (entrée ouest). *craftsandthings.co.uk*

Pour en savoir plus sur le glen:

Glencoe Folk Museum (avec une salle dédiée au massacre de 1692) : *glencoe-museum.com* et Glencoe Visitor Centre (avec la reconstitution d'une chaumière du XVIIe siècle) : *nts.org.uk/visit/places/glencoe*

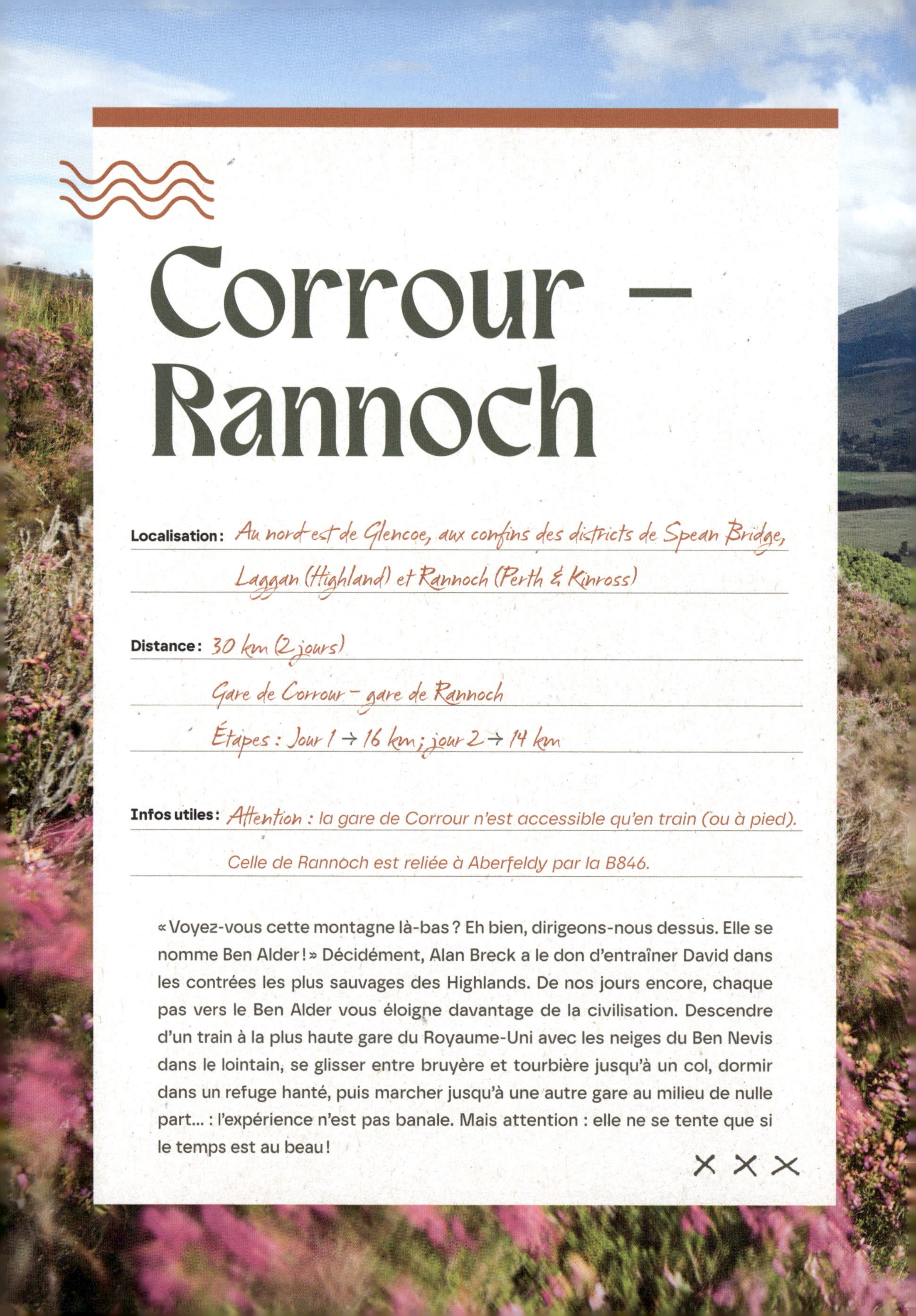

Corrour – Rannoch

Localisation : *Au nord-est de Glencoe, aux confins des districts de Spean Bridge, Laggan (Highland) et Rannoch (Perth & Kinross)*

Distance : *30 km (2 jours)*

Gare de Corrour – gare de Rannoch

Étapes : Jour 1 → 16 km ; jour 2 → 14 km

Infos utiles : *Attention : la gare de Corrour n'est accessible qu'en train (ou à pied).*

Celle de Rannoch est reliée à Aberfeldy par la B846.

« Voyez-vous cette montagne là-bas ? Eh bien, dirigeons-nous dessus. Elle se nomme Ben Alder ! » Décidément, Alan Breck a le don d'entraîner David dans les contrées les plus sauvages des Highlands. De nos jours encore, chaque pas vers le Ben Alder vous éloigne davantage de la civilisation. Descendre d'un train à la plus haute gare du Royaume-Uni avec les neiges du Ben Nevis dans le lointain, se glisser entre bruyère et tourbière jusqu'à un col, dormir dans un refuge hanté, puis marcher jusqu'à une autre gare au milieu de nulle part... : l'expérience n'est pas banale. Mais attention : elle ne se tente que si le temps est au beau !

✕ ✕ ✕

Sur les hauteurs du loch Rannoch

Rassurez-vous : vous n'aurez pas besoin de ramper de nuit, comme nos deux fugitifs du XVIIIe siècle. En revanche, la région est toujours aussi broussailleuse, spongieuse et fraîche. Conseil n° 1 : emportez des vêtements chauds et une tente au cas où le refuge serait complet. Conseil n° 2 : arrivez à Corrour dans l'après-midi, dormez à l'auberge du loch Ossian et levez-vous de bon matin pour gagner le col avant qu'il ne joue trop à cache-cache avec la brume. Cela vaut aussi pour le jour 2 : en quittant tôt le refuge (*Ben Alder Cottage* alias *McCook's bothy*), vous aurez le temps de profiter du loch Ericht et d'attraper à Rannoch le dernier train pour Glasgow (18 h 30) ou Fort William (21 h). Notez qu'il existe entre Bridge of Gaur et Rannoch Station un *dial-a-bus* : sur réservation téléphonique au moins 24 h à l'avance, ce bus peut vous déposer à la gare tlj. sauf le dimanche (*highland-travel.co.uk, #01882 633 398 ou 07971 540 282*).

Un loch enchanteur

À l'époque de Balfour et Breck, toutes les terres que vous voyez autour de Corrour étaient l'apanage des MacDonald of Keppoch ! Mais parce qu'ils étaient jacobites, les ducs de Gordon les leur ont confisquées. Aujourd'hui, les 23 000 ha du domaine appartiennent à une famille suédoise, héritière de l'empire industriel Tetrapak. Le Stevenson Way traverse donc leur propriété en épousant la berge nord d'un loch qui porte le nom d'Ossian (Oisein). Ossian ! Le fils du célèbre guerrier de la mythologie gaélique ? Le barde du IIIe siècle dont James MacPherson (1736-1796) a recueilli et traduit les sublimes poèmes ? En tout cas, les conifères et rhododendrons sont loin d'être aussi vieux : ils ont été plantés en 1891, à l'initiative de Sir Stirling-Maxwell à qui l'on doit... la gare de Corrour. Il avait donné son accord pour que la voie ferrée passe par ses terres, à condition qu'il y eût un arrêt pas trop loin de son manoir.

Loch Ossian, à Corrour

« Sous bruyère »

Bien sûr, en 1752, lorsqu'Alan et David zigzaguent dans cette partie du Lochaber, il n'y a encore ni rails ni arbres. La bruyère, en revanche, était déjà omniprésente : le paysage alentour est littéralement *fo fhraoch* – « sous bruyère » – et c'est aussi le cas du roman de Stevenson où le mot revient à 48 reprises, souvent au détour de la belle expression anglaise *to take to the heather*, « prendre la bruyère ». On l'aura compris : en Écosse, celui qui doit se cacher pour échapper aux autorités, tels Balfour ou Breck, « prend la bruyère » comme en Corse il « prend le maquis ». Mais la bruyère n'est pas seulement la métaphore du hors-la-loi : elle est aussi un ingrédient-clé du quotidien des Highlanders qui la récoltaient pour en faire du thé, un matelas, des cordes, couvrir le toit de leur *blackhouse* (p. 153) et pour teindre la laine : une fois broyée, bouillie et filtrée, on obtenait un superbe bleu qui variait au gré des espèces. Car la bruyère existe ici sous plusieurs formes : cendrée, à fleurs roses en grappes, à fleurs plus pâles en grelots fermés… Le randonneur s'en rend d'ailleurs vite compte. La *fraoch-groganach*, rabougrie et molle, se contente de caresser les mollets, mais la *fraoch-giorrach*, sèche et dure, les flagelle…

Le Ben Alder

C'est au nord-est du loch Ossian, le long de la rivière Uisge Labhair, que les mots « solitude » et « sauvage » prennent tout leur sens. Que le marcheur, livré aux caprices des gués, doit redoubler de vigilance. En ligne de mire : la masse sombre du Ben Alder (Beinn Allair), nid d'aigle du clan MacPherson. Le but du jeu n'est pas de gravir ce *munro* de 1148 m, mais de longer sa base sud en passant par le col dit « Bealach Cumhann », où une piste vous conduira tout droit à un refuge que l'on dit hanté par un esprit frappeur. Il porte le nom d'un chasseur de cerfs, Joseph McCook, qui a vécu là pendant 40 ans, jusqu'en 1920, loin de tout, face au loch Ericht. Mais il y a un bien plus grand mystère que le *poltergeist* du refuge du Ben Alder : la cabane dite « Cage », où Cluny, jacobite et chef du clan MacPherson (1706-1764), s'est terré pendant neuf ans avant de fuir en France…

La « Cage de Cluny »

Elle intrigue tous les lecteurs du chapitre 23 d'*Enlevé!* David nous la décrit « à demi-suspendue, tel un nid de guêpes au-dessus d'un fourré de ronces ». Six ou sept personnes pouvaient tenir à l'intérieur (Cluny y a même caché pendant six jours le prince Charles-Édouard Stuart). L'étage supérieur faisait office de salle à manger et de chambre; la pièce en bas, de cellier. À l'arrière, il y avait une cheminée. Le versant sud du Ben Alder étant de la couleur de la fumée, personne n'aurait pu soupçonner l'existence de la Cage. Les 80 soldats envoyés par le gouvernement pour capturer Cluny ne l'ont jamais trouvée, malgré la forte récompense promise à quiconque fournirait des informations sur son emplacement. Arbres, branchages et toit de mousse ont depuis longtemps disparu. On cherchera donc en vain les vestiges de la cachette.

Transhumance

Avant que les landes ne soient réquisitionnées par les propriétaires terriens pour y pratiquer la chasse ou l'élevage extensif des moutons, les paysans des Central Highlands avaient l'habitude, à la mi-juin, d'y mener leurs vaches pâturer au calme pour y produire beurre et fromage, le lait étant, en altitude, de bien meilleure qualité. Cette tâche incombait aux jeunes (les adultes restaient dans les vallées à faire les foins). À la mi-septembre, bergers et troupeaux redescendaient dans les fermes. Vous croiserez donc çà et là, le long du loch Ericht, souvent près d'un ruisseau, des vestiges de huttes d'estive (*shieling-huts*), mi-pierre mi-tourbe, d'à peine 2 m de large, parfois dotées d'un âtre. Ces mois passés *air an àirigh* – « à l'estive » – ont nourri de nombreuses histoires surnaturelles et sanglantes, mais aussi des chants d'amour tel l'*Àirigh am Braigh Ràineach*, en souvenir d'un *shieling* du Rannoch Moor, qui a été enregistré en 1965 et que vous pouvez écouter sur *tobarandualchais.co.uk/track/14798?l=gd*

Régal en gare

Le spot idéal pour faire le plein de calories avant vos deux jours de randonnée : le café de la gare de Corrour (Corrour Station House, *avril-oct., 8h30-21h, réservation indispensable, corrour.co.uk*).
Et pour recharger les batteries à l'arrivée, il y a les potages bien chauds et les bagels au saumon du salon de thé de la gare de Rannoch (Rannoch Station Tearoom, sam.-mer. 8h30-16h30, réservation recommandée, *rannochstationtearoom.co.uk*).

Gare de Rannoch

Ces mois passés air an àirigh – « à l'estive » – ont nourri de nombreuses histoires surnaturelles et sanglantes.

Y aller : *en train*

Chaque jour, trois trains desservent la gare de Corrour au départ de Glasgow Queen Street (en 3 h) et Fort William (en 45 min); *scotrail.co.uk* Si vous partez de Glencoe, prenez le bus Citylink (*citylink.co.uk*) jusqu'à Bridge of Orchy : la voie ferrée passe à proximité de l'arrêt de bus.

Hébergements possibles :

À 2 km de marche de Corrour Station : **Loch Ossian Youth Hostel**, *hostelling scotland.org.uk/hostels/loch-ossian*
Refuge : **Ben Alder Cottage**, sur la rive ouest du loch Ericht.

Loch Voil

Balquhidder – Callander

Localisation : *Stirlingshire (Balquhidder et Callander)*

Distance : *22 km*

Du parking de Kingshouse à Balquhidder → 3 km

Montée au Creag an Tuirc → 3 km A/R

Lorsqu'ils émergent enfin des montagnes et des *glens*, David Balfour et Alan Breck se retrouvent dans les *braes*, les collines de Balquhidder. Mais ce n'est pas un hasard : les Stewart d'Appin ont toujours nourri d'étroites relations avec le pays des MacLaren et des MacGregor, une région dont les paysages débordent de poésie et d'histoires fascinantes, égrenées sur fond de cornemuse ! Vous pourriez vous joindre à eux pour une journée de marche, d'autant que ce seront vos dernières heures dans les Highlands : demain, nos deux héros passent en mode Basses-Terres.

X X X

Direction Kingshouse ! Un nom qui remonte au temps – le XVIIIe siècle – où l'A84 n'était encore qu'une voie militaire : les soldats qui patrouillaient entre Stirling et Fort William prenaient leurs quartiers à l'auberge, l'actuel Mhòr 84. Si vous arrivez par le bus, faites comme eux : ainsi, vous pourrez démarrer tôt le lendemain ! Vous engouffrer, juste en face de l'hôtel, par le passage souterrain qui dépose sur le chemin de Balquhidder, grimper au Rocher du Sanglier et enchaîner par la vallée de la Balvaig jusqu'à Strathyre : sous le soleil, tout cela est un enchantement. De là, le Stevenson Way vous entraînera vers les bois du Glen Ample et les hauteurs nues d'Arivurichardich. Un conseil : au lieu de continuer vers Uamh Mhòr et de bivouaquer dans la rudesse du sud-est, réservée aux randonneurs aguerris, descendez sagement vers Callander le long de la Keltie Water en vous accordant un crochet par les chutes de Bracklinn.

Les « Enfants de la Brume »

À Balquhidder, il faut faire un tour au cimetière, car c'est lui qui a les clés du chapitre 25 d'*Enlevé !* Vous y lirez sur les tombes le nom de MacLaren, un clan ami des Stewart, qui vit dans la région depuis le XIIIe siècle (c'est chez un MacLaren, Duncan Dhu, que David et Alan ont trouvé refuge) mais aussi celui de MacGregor, « ce vieux clan proscrit » qui n'avait plus le droit de porter son propre nom après l'édit royal de 1603. Dépossédés de leurs terres par les Campbell, condamnés pour survivre à voler le bétail et à braconner le cerf, les MacGregor – on les surnomme « les Enfants de la Brume » parce qu'ils sont presque invisibles – ont souvent eu maille à partir avec les Stewart. Le demi-frère de James of the Glen – Charles Stewart alias Tearlach Mòr (« le Grand Charles ») – a même eu l'occasion de tâter de l'épée… pour de vrai avec le célèbre et redouté Raibert Ruadh alias Rob Roy MacGregor (1671-1734), mi-Robin des Bois, mi-brigand pillant sans relâche les terres du marquis de Montrose !

Tombe de Rob Roy

Le « gazouillis du pibroch »

Aux côtés de ce Rob Roy, dont la tombe est toujours fleurie et porte la devise familiale (« MacGregor malgré eux », le « eux » pointant du doigt le gouvernement britannique qui a tout fait pour éradiquer le clan), repose le plus jeune fils de Rob, Robin Òg (1713-1754), un autre hors-la-loi au sang chaud ! Lorsque Robin se retrouve nez-à-nez avec Alan Breck – un Stewart – chez Duncan Dhu, il est tout de suite prêt à en découdre. Par chance, le duel à l'épée se transforme en joute à la cornemuse, un instrument interdit (1747-1782) par Londres qui y voyait un symbole de la rébellion jacobite. Robin, qui se vante d'en jouer aussi bien que les plus virtuoses sonneurs de l'île de Skye, gagne la partie grâce à l'un de ces airs empruntés au registre de la *ceòl mòr*, la « grande musique », ornementée de variations complexes. On le croit volontiers, d'autant plus que le *piper* (sonneur) attitré du prince Charles-Édouard était un MacGregor. Et qu'à la fin du XXe siècle vivaient encore à Balquhidder une demi-douzaine de *pipers*.

Le Creag an Tuirc

Avant de virer vers le sud, gravissez le raidillon – escarpé mais court – qui borde l'église côté est. Il s'élève au-dessus du Kirkton Glen (où vécut, un temps, la famille de Rob Roy) pour vous conduire, dans la ronde des conifères, au Creag an Tuirc, le «Rocher du Sanglier», qui était le point de ralliement du clan MacLaren en période de trouble («Creag an Tuirc» est aussi son cri de guerre). De ce formidable belvédère, le regard embrasse à la fois le loch Voil et le sentier qui serpente en contrebas, le long de la vallée inondable de la Balvaig, jusqu'au hameau de Strathyre.

La ligne de faille

À partir du Glen Ample, la côte se fait raide, mais c'est pour la bonne cause : vous rapprocher de la Keltie Water dont les eaux dévalent vers Callander et les belles chutes de Bracklinn qui ont inspiré à Walter Scott quelques vers de *La Dame du Lac.* En son temps, le pont se résumait à deux rondins jetés au-dessus du gouffre. Depuis 2023, un pont en acier permet de profiter du spectacle, tonitruant après de fortes pluies! Vous êtes ici sur la ligne de faille qui sépare les Highlands des Basses-Terres. Et la différence saute aux yeux lorsqu'on découvre, un peu plus bas, la vue sur la plaine d'Auchenlaich : adieu montagnes, tourbières et gaélique! Au terme du chapitre 25, David Balfour quitte ce qu'il nomme «le mauvais côté de la frontière» (*the wrong side of the line*). Stevenson n'écrit pas ces mots à la légère : il sait qu'en 1752, les élites protestantes du Sud voient dans le Nord (le nom même d'Écosse a été banni de tous les documents officiels après 1747) une terre à problèmes, étrangère, papiste (catholique), instable et sous-développée, une région qu'elles sont bien décidées à mater et à angliciser. Mais pour Alan et David, l'aventure les conduit déjà vers d'autres cieux : à Queensferry.

Le loch Voil depuis Creag an Tuirc

Y aller : *en voiture*

Depuis Crianlarich : 33 km par l'A85 et l'A84. Depuis Glasgow : 88 km par l'A81 et l'A84. Se garer à Kingshouse (au départ de Callander, le bus 978 permet de retourner à Kingshouse, *citylink.co.uk*).

Y aller : *en bus*

Depuis Crianlarich : 30 min (*citylink.co.uk*). Depuis Glasgow : 2h45 (avec changement à Stirling). Descendre à Kingshouse Bus Shelter (*citylink.co.uk*).

Hébergements :

Mhòr 84 – Kingshouse. *mhor84.net*
Ben A'an House – Callander. *benaanhouse.co.uk*

Les Hautes-Terres en solitaire

À vélo dans l'un des derniers territoires sauvages d'Europe

J'ai laissé échapper une bordée de jurons que le vent des Hautes-Terres a envoyés se perdre dans la lande battue par l'averse. Mon vélo, maculé de boue, gît sur le rebord du sentier dans les cailloux et la bruyère. Hébété, je fixe ma roue arrière désespérément flasque. En tentant de franchir d'un bond l'une des nombreuses rigoles en pierre qui zèbrent le chemin, j'ai pincé mon pneu sur un caillou saillant. Et me voilà en rade, au milieu des brumes épaisses des Highlands écossaises.

Jusqu'à présent, l'effort maintenait mon organisme en température, mais à l'arrêt, ruisselant comme au sortir de la douche, je sens l'accolade pernicieuse du froid se refermer sur moi. Je sais que la réparation sera complexe. À l'aéroport, on m'a confisqué mon multi-outils. Sans clé, impossible de retirer la roue et de changer la chambre à air... Ma seule issue : la raccommoder à l'aide d'une rustine ! Alors, je m'affaire, les genoux dans la terre trempée, jouant tant bien que mal du démonte-pneu. Mes doigts, déjà gourds, ripent sur les rayons et quelques gouttes de mon sang se mêlent à celles de la pluie. Je ne sens plus la douleur, mais je peste tout de même pour le principe. Maudit vélo et maudite contrée de caillasse et de flotte !

À Glen Coe, on a le sentiment d'être sur le seuil d'un univers fantastique...

Glen Coe, quelques heures plus tôt. Le village où j'ai choisi de débuter mon aventure fait office de porte d'entrée vers les Highlands. Les Hautes-Terres écossaises n'excèdent pas 1 350 m d'altitude. Il ne faut pourtant pas les sous-estimer. Il s'agit bel et bien d'un territoire de montagne dont le renom étincelle jusque dans les sphères les plus élevées du monde de l'alpinisme. Nombre de grimpeurs viennent s'exercer à l'escalade sur paroi ou sur glace dans les conditions rigoureuses de la région.
Si l'altitude est modeste, le décor est grandiose.

Sur les flancs du Beinn a' Chrùlaiste, dans la réserve naturelle de Glen Coe

Les sommets prennent pied dans des lochs directement reliés à la mer et s'élèvent en falaises vers le ciel dévoré par les brumes.
Oui, à Glen Coe, on a le sentiment d'être sur le seuil d'un univers fantastique...
Rien d'étonnant, alors, que le cinéma, de James Bond à Harry Potter, ait porté les lieux à l'écran. Dans ce qui est sans doute l'un des derniers espaces sauvages d'Europe, la nature agite les imaginaires. Et la chose ne date pas d'hier. Le territoire est fertile en récits de brigandages, en querelles partisanes, en guerres de clans où le mythe se confond avec l'histoire. Stevenson a magistralement mis en scène cette fresque romanesque dans *Kidnapped!* Le héros, David Balfour, accusé d'un meurtre qu'il n'a pas commis, prend la fuite dans les Highlands. Et c'est toute l'Écosse du XVIIIe siècle qui s'anime au rythme de ses péripéties.
En empruntant à VTT les chemins de traverse, je compte bien sonder l'âme du pays et en éprouver toute la rigueur et la majesté. Mon cap : le Kidnapped Trail, un itinéraire établi par des passionnés de vélo et de Stevenson qui suit le sillage fictionnel de David Balfour.
Bien entendu, je n'ai personne aux trousses. Mais j'espère tout de même vivre une échappée. Ces vastes étendues reculées sont propices au pas de côté. « Le dehors guérit », affirmait Stevenson. Je crois ne souffrir de rien... si ce n'est peut-être du vertige de la vie moderne qui bouscule et précipite mon existence.
Les trompettes des oies sauvages se mêlent à la symphonie des cascades qui dévalent les parois vertigineuses dressées sur l'horizon. J'ai pris la poudre d'escampette sur un sentier qui longe l'A82, l'unique route traversant la réserve naturelle nationale de Glen Coe. Paradoxalement, ce chemin étroit, détrempé par les pluies, est pour moi un abri. Bien sûr, il me maintient à l'écart du trafic automobile, mais il m'offre surtout les conditions d'un rendez-vous avec moi-même.
J'aime rouler en ermite. Sur les voies détournées, mon vélo devient le support de mes méditations profondes. Seul en selle, je suis comme le Robinson de Defoe si cher à Stevenson et, plus largement, comme tous les héros épris d'aventure qui peuplent les romans picaresques qu'on lit avant 15 ans. Ici, loin de tout, je ne suis plus qu'un gosse qui laisse libre cours à ses fantasmes de retour à l'état sauvage.

La trace s'élève par à-coups dans un paysage spectaculaire qui décline cinquante nuances de vert autour de la River Coe. Quand le chemin se cabre trop brutalement, je dois mettre pied à terre et pousser en trottinant dans la rocaille. L'effort m'exalte. À vrai dire, il me lave de l'intérieur. Si la mécanique du corps mobilise le cœur et les muscles, elle nourrit aussi l'esprit. Derrière le guidon, ma créativité fourmille. J'improvise des poèmes, j'esquisse des projets, je prends le temps de rêver. Et pourtant, j'ai les deux pneus profondément ancrés dans le réel. Contre ma bulle de solitude et d'allégresse vient rebondir toute la rigueur des éléments. Humblement, réfugié dans ma forteresse intérieure, je négocie avec la montagne le droit de passer. Et je paye comptant de ma sueur chaque crête, chaque ressaut. Mais dans ce décor à la fois sublime et menaçant, je me sens intensément vivant !

Ma crevaison, finalement, ne m'a immobilisé qu'une vingtaine de minutes sur les flancs du sommet triangulaire de Beinn a' Chrùlaist. J'ai réparé avec les moyens du bord. Et j'en tire une satisfaction suffisante pour balayer ma colère des premiers instants. Voilà mon vélo de nouveau fonctionnel ! Je redouble de prudence, toutefois, sur les tronçons périlleux. Par crainte de me retrouver de nouveau à plat, mais aussi pour éviter la chute dans cet environnement isolé. Combien de temps devrais-je patienter seul à terre si un accident se produisait ? Mon VTT ne m'inspire qu'une confiance relative : je l'ai loué à Édimbourg et en me confiant la machine, l'employé m'a mis en garde : « Ici, on est en Grande-Bretagne. On ne fait rien comme tout le monde ! Bien sûr, on roule à gauche, mais tu dois aussi garder à l'esprit que, sur les vélos, les freins sont inversés ! » Alors, pour éviter qu'un mauvais réflexe

Sur la route cyclable 78,
dans la Highland Titles Nature Reserve

ne me conduise au tapis, dans les descentes, je ménage ma fougue. Ne serait-ce pas un comble que de « faire un soleil » sous le ciel sombre de cette journée embuée ?

Quelques bâtisses rustiques reconverties en hébergements montagnards se dressent sur la lande. Aux abords du Black Rock Cottage, je bifurque sur l'ancienne route militaire qui rejoint Bridge of Orchy. Édifié après les rébellions jacobites, cet axe fut restructuré au début du XIXe siècle par Thomas Telford, l'un des plus célèbres ingénieurs britanniques, afin de désenclaver les Highlands. Il fut la voie de communication principale du secteur jusqu'en 1933, avant d'être remplacé par l'actuelle A82. Aujourd'hui, ce chemin empierré est essentiellement utilisé par les marcheurs engagés sur la West Highland Way, un itinéraire de randonnée pédestre très populaire qui relie Fort William à Glasgow sur plus de 150 kilomètres. Sous leur long poncho, ils progressent silencieusement en colonne tels des spectres sous l'averse. À leur approche, j'essaye au mieux d'éviter les flaques d'eau pour ne pas les arroser plus qu'ils ne le sont. Pour ma part, je suis trempé jusqu'à l'os, mais j'en ai pris mon parti.

Dès que la voie est libre, je fonce à travers les mares qui s'accumulent sur le pavé, parfois sur plus de 20 centimètres de fond. Après tout, mouillé pour mouillé...
J'ai passé une partie de la soirée à faire sécher mes affaires devant le convecteur du petit chalet en bois où j'ai passé la nuit, à la lisière du village de Tyndrum. Mais j'ai oublié de sécher mes chaussures. Le contact de la semelle, froide et humide, m'extrait immédiatement de ma petite bulle de confort. Voici un rappel s'il m'en fallait un : dehors, tout n'est qu'austérité et rigueur. Il ne pleut plus, toutefois. « Si rien ne tombe du ciel, c'est donc qu'il fait beau », ironise un de mes voisins de camping, écossais manifestement.

Château de Doune, surplombant la Teith

Me voilà donc parti, sous de sombres nuages de beau temps ballottés par les vents d'altitude, sur le sentier bucolique qui longe la Fillan River. Le balisage de la West Highland Way me tient toujours lieu de cap. Après une paisible mise en jambes, l'itinéraire part à l'assaut d'une éminence boisée baptisée Kirk Craig. La première rampe est tellement escarpée qu'elle est équipée... d'un escalier! Le vélo sur l'épaule, je me hisse péniblement dans les hauteurs de la forêt. Le sentier, par endroits, n'est plus qu'une fondrière dans laquelle je patauge jusqu'aux mollets. Au ralenti, j'amadoue le relief, j'apprivoise les bourbiers. Littéralement, je fais corps avec l'environnement. À tel point que la faune s'émeut à peine de mon passage.

Les lapins de garenne s'écartent à peine devant mes roues. Les biches se contentent de m'éviter d'un petit bond gracile dans les genêts. Dans ce sous-bois encaissé, j'ai l'impression de m'être égaré au beau milieu d'un dessin animé.

Crianlarich est à la croisée de deux grandes routes qui traversent les Highlands : l'A82 et l'A85. De longue date, la localité offre une halte aux voyageurs qui peuvent se ravitailler ou profiter du réconfort d'une auberge. L'épicerie du village a sur ses étals quelques roulés à la saucisse, des paquets de chips aux saveurs étranges et d'innombrables barres chocolatées. Assez pour me confectionner un repas de fortune. Les sacoches regarnies, je prends la tangente sur l'A85. Après 10 bornes sur l'asphalte, j'enjambe la River Dochart et regagne les chemins de traverse. Le paysage a changé. Les reliefs se sont adoucis. Adossé à la montagne s'étend un vaste plateau de tourbières semé de trembles et de jacinthes sauvages. Les fleurs parfois tapissent des combes entières, dessinant sur le paysage vert bouteille d'improbables camaïeux de bleu. Quelques fermes jalonnent ces terres isolées de leur silhouette grise. Certaines sont flanquées de vieux cimetières où, sur un tapis d'herbe fraîche, des pierres tombales en granit branlantes semblent défier le temps. Même dans la mort, le pays est rude.

Régulièrement, j'ouvre et je referme des barrières qui cloisonnent une interminable succession de pâtures bien grasses. Des troupeaux de moutons à la tête noire, les fameux Scottish Blackfaces, s'égaillent sur mon passage. Slalomant entre les bêtes, je joue les borders collies à pédales.

J'ai rejoint l'emprise d'une voie ferrée désaffectée depuis longtemps. Des quais oubliés en pleine nature, des ponts de pierre aux arcades remarquables émergent du décor. Aujourd'hui, cette ligne de verdure en pente douce est le terrain de jeu des cyclistes. L'axe accueille la route n° 7 du réseau national cyclable britannique, géré par l'organisation Sustrans (*sustrans.org.uk*). Le balisage irréprochable me porte jusque sur les rives du loch Voil, où se blottit le petit village de Balquhidder. Perdus dans les collines, les lieux sont pourtant réputés dans tout le pays. Et pour cause : ils abritent la tombe d'un des personnages les plus emblématiques de l'histoire de l'Écosse. Robert MacGregor, alias Rob Roy, hors-la-loi pour certains, héros populaire pour d'autres, repose dans un écrin de verdure au pied d'une petite chapelle bordée de quelques dizaines de tombes. Ce Robin des Bois local, au nom maudit, a inspiré Walter Scott et plusieurs fois le cinéma. Stevenson ne manque pas non plus d'y faire allusion dans *Kidnapped!* David Balfour, bien mal en point, vient quérir le gîte auprès d'une famille de Balquhidder. Il y croise fortuitement l'un des fils de Rob Roy, qui en bon MacGregor vient chercher querelle à son compagnon Alan, né Stewart. Plutôt que d'en découdre par le fer, les deux hommes finissent par se livrer, après quelques verres de whisky au miel, à un épique duel de cornemuse!

« *Am aff it!* » La formule barre un écriteau posé sur le bar du pub-auberge de Strathyre, où j'ai posé mes sacoches pour la nuit. Curieux, j'interpelle la tenancière pour qu'elle me décrypte ces trois mots : « C'est le genre de promesse que l'on fait après une soirée arrosée, s'amuse-t-elle. Cela signifie plus ou moins "J'arrête ça !" Naturellement, en Écosse, comme ailleurs, ce genre d'engagement est oublié dès le lendemain ! »
Pour ma part, il n'est pas question d'arrêter... de pédaler. Alors, dans la salle chaleureuse du White Stag Inn, j'avale une roborative tourte au mouton accompagnée de beans et de purée. De quoi reconstituer mes réserves caloriques pour pouvoir repartir du bon pied demain matin !

C'est toujours la voie cyclable n° 7 qui guide mes roues. Elle file dans la végétation à travers les décors époustouflants des abords du loch Lubnaig. Je déroule le fléchage machinalement, comme porté par le paysage. On affirme souvent que partir à vélo est compliqué. À bien y réfléchir, c'est, au contraire, l'exemple même de la simplicité. L'exercice demande de s'alléger, d'aller à l'essentiel.
Il coupe court aux injonctions, aux impératifs. Un seul mot d'ordre demeure : avancer ! Qu'y a-t-il de plus facile que de tourner les jambes, en vérité ?
Sans m'en rendre compte, j'ai débarqué dans les faubourgs de Callander. La petite ville, à la lisière du parc national du loch Lomond et des Trossachs, marque la frontière entre les Hautes-Terres et les Basses-Terres. La localité compte moins de 3 000 habitants, mais elle me fait l'effet d'un retour à la civilisation. Soudain, dans l'agitation toute relative de la rue principale, le monde revient à moi. Les vitrines des pubs et des *tea rooms* défilent en toile de fond. Je compte une banque, une pharmacie, plusieurs boulangeries... et même un feu rouge !
Par une petite route tranquille, je m'éclipse pour savourer une ultime parenthèse de solitude.
Le ruban d'asphalte rebondit dans une campagne ondulée où s'ébattent des troupeaux de vaches à frange, les incontournables Highlands, icônes du pays. La montagne est derrière moi. Je traverse les rues de Deanston, où flottent les exhalaisons âcres de la distillerie locale, implantée dans un sombre et imposant bâtiment en brique à la sortie du bourg. Puis, dominant la forêt et la River Teith, apparaît la silhouette fantomatique du château de Doune. Un sentier épousant les rives du cours d'eau se faufile jusqu'à ses pieds. L'édifice médiéval, qui fut tour à tour une retraite royale, une résidence de chasse et une prison pour les partisans du gouvernement capturés par les jacobites, est aujourd'hui un lieu de pèlerinage pour les fans des Monty Python. En 1974, le site a servi de décor au film culte *Sacré Graal*. Plus récemment, l'équipe de tournage de *Game of Thrones* a investi les lieux pour simuler Winterfell, le château de la maison Stark.
À travers champs, je glisse vers Bridge of Allan, la tour du National Wallace Monument en ligne de mire. Dressé sur un crag volcanique, ce bâtiment rend hommage au héros national William Wallace qui, depuis cette butte, infligea en 1297 une lourde défaite aux troupes anglaises. Une bataille retracée, avec de nombreux arrangements, dans le film *Braveheart*. Une dernière fois, je pédale en équilibre entre la réalité et la fiction.

Stevenson avait l'habitude de passer ses vacances à Bridge of Allan. Il aimait se balader en bord de rivière sur la promenade du Darn, où une cavité lui aurait inspiré la grotte de Ben Gunn, le boucanier abandonné de son roman iconique *L'Île au trésor*.
Décidément, cette terre a murmuré bien des histoires. Le temps de quelques tours de roue, elle aura nourri la mienne. Dans le centre-ville, c'est l'heure de la sortie des classes. Amassés en grappe, les collégiens font barrage sur la piste cyclable. Alors, rassasié d'effort et de solitude, je mets pied à terre et, serein, je fends la foule.

X X X Olivier Godin

Loch Lubnaig, Callander

On affirme souvent que partir à vélo est compliqué. À bien y réfléchir, c'est, au contraire, l'exemple même de la simplicité. L'exercice demande de s'alléger, d'aller à l'essentiel.

Vache Highland

Infos pratiques

Itinéraire

- Glencoe → Bridge of Allan

Distance

- 148 km

Dénivelé

- Environ 2000 m d+

Durée

- 3 jours

Difficulté

- Tracé exigeant sur terrain montagneux. VTT recommandé. Poussages, voire portages à prévoir. Ravitaillements limités.

Accès

- Départ → gare de Fort William à 25 km de Glencoe (direct depuis Glasgow 3 h 45).
- Arrivée → gare de Bridge of Allan (direct vers Glasgow 40 min et Edimbourg 55 min).

Pour aller plus loin

Deux options pour allonger la distance :

• Connel Ferry → Glencoe

Distance

• 50 km

Dénivelé

• 350 m d+

Accès

• Gare de Connel Ferry (3 heures depuis Glasgow en empruntant la mythique West Highland Line).

• L'apothéose sans préambule ! Abordable par le plus grand nombre, cette section qui longe les lochs maritimes Creran et Linnhe offre un remarquable concentré d'Écosse. Cerise sur le gâteau pour les voyageurs à vélo, le tracé emprunte la route cyclable 78, également baptisée *The Caledonia Way*, qui, en plus de disposer d'un excellent balisage, chemine à l'écart de la circulation automobile. Dans le décor, des cottages rustiques bordés de rhododendrons sauvages, des sous-bois côtiers drapés de mystère et des ruines féeriques dominant les eaux. En bonne place sur cette carte postale : le Castle Stalker, une maison fortifiée isolée sur un îlot, véritable image d'Épinal de l'Écosse. L'itinéraire s'approche également des lieux du meurtre d'Appin et du site où James of the Glen fut pendu en 1752. Une stèle honore la mémoire du chef de clan jugé complice du crime alors qu'il clame désespérément son innocence. Jamais élucidée, cette affaire, restée profondément ancrée dans la mémoire écossaise, servira de toile de fond à Stevenson dans son roman *Kidnapped !*

• Bridge of Allan → Queensferry

Distance

• 54 km

Dénivelé

• 400 m d+

Accès

• Départ : gare de Bridge of Allan (direct vers Glasgow 40 min et Édimbourg 55 min).

• Arrivée : gare de Dalmeny (direct vers Édimbourg 17 min).

• Cet itinéraire suit la trace de David Balfour dans ses ultimes péripéties à travers les Lowlands. Le parcours déroule le fléchage impeccable de la *National Cycle Route 76*, qui emprunte une alternance de voies vertes sécurisées et de petites routes partagées qui filent à travers des bocages verdoyants. Le tracé traverse la péninsule de Fife et s'attarde longuement au bord du Firth of Forth, où se blottissent plusieurs villages pittoresques résolument tournés vers la mer tels que Culross ou Limekilns. Clou du spectacle : le franchissement de l'estuaire par un pont suspendu de 2,5 km de long. L'un des trois ouvrages monumentaux aménagés au-dessus des eaux est réservé aux transports publics et aux modes doux. Symboliquement, cette échappée s'achève à Queensferry, devant la façade blanche du Hawes Inn, où Stevenson aurait, en partie, écrit *Kidnapped!* et où il fait passer son héros.

Stevenson Way

Informations pratiques

Le Stevenson Way

- Le Stevenson Way (370 km) n'est pas conçu pour être parcouru sur toute sa longueur. Faute d'hébergements en chemin, de refuges et de points de ravitaillement, il n'est praticable qu'à petites doses, sur 1, 2 ou 4 jours.
- Le chemin s'articule en 6 sections, de l'île d'Erraid – à la pointe ouest de Mull – à Queensferry, 15 km au nord-ouest d'Édimbourg. La 1re section englobe l'île de Mull; les sections 2 à 5 traversent les Highlands, d'ouest en est; la 6e relève des Lowlands, les Basses-Terres, une région plus plate qui se parcourt aisément à vélo.
- L'itinéraire n'étant pas balisé, une carte est indispensable. Optez pour les OS Landranger en vente dans toute librairie écossaise (et à Paris au Vieux Campeur) : nos 48 (Mull ouest), 49 (Mull est et Morvern), 41 (Appin-Loch Ossian), 42 (Loch Ossian-Bridge of Gaur), 51 (Bridge of Gaur-Balquhidder), 57 (Balquhidder-Stirling), 65 (Stirling-Queensferry).
- Pour une description détaillée de chaque section, consulter : *stevensonway.org.uk*

Comment le rejoindre ?

- Deux portes d'entrée depuis la France, à choisir en fonction de la section du chemin retenue :
  - d'Édimbourg, reliée à Paris par avion et par les trains Eurostar et LNER (*lner.co.uk*), on est plus proche de la 6e section;
  - de Glasgow, desservie par avion de Paris et par les trains Avanti West Coast depuis Londres (*avantiwestcoast.co.uk*), on rallie facilement les 5 autres sections en train (*scotrail.co.uk*), bus (*citylink.co.uk*) ou voiture de location. Pour aller jusqu'à Mull ou en Morvern, il faut continuer en bateau (*calmac.co.uk*).

Quand y aller ?

- Dans les Lowlands : d'avril à sept. (en oct., les crues sont fréquentes). En Argyll et dans les Highlands : en mai, avant la saison des *midges* (ces vilains moucherons ne piquent qu'à partir de juin). Dès la mi-août, l'accès aux collines peut être restreint par la chasse aux cerfs (dates sur *outdooraccess-scotland.scot*). Attention : dans les Hautes-Terres, le temps peut changer à tout moment. Météo : *weatheronline.co.uk/Scotland.* Bulletin spécial *midges* : *smidgeup.com* Horaires des marées (pour Erraid et Mull) : *tideschart.com/United-Kingdom/Scotland/Argyll-and-Bute*

Avec qui ?

- Par beau temps, les randonnées nos 1 à 5 et 7 ne présentent pas de difficultés majeures. La no 6 s'adresse à des marcheurs aguerris. Pour les parcours de 4 j. dans les Highlands, mieux vaut marcher en compagnie d'un guide. Contact : *stevensonway.org.uk*

Quel équipement ?

- De bonnes chaussures spéciales « milieu humide » ! Et, pour les Highlands : tire-tique, répulsif antimidges (Smidge ou Avon Skin So Soft), boussole pour les tronçons les plus sauvages, bâton de marche, guêtres, surpantalon, pochettes étanches pour carte et mobile. Pour bivouaquer, le matériel de camping habituel et un *midge net*, une moustiquaire de tête.

Où dormir ?

- Lits en auberge de jeunesse et chambres en B&B se comptent sur les doigts d'une main le long du Stevenson Way. Réservez-les le plus tôt possible ! Sites utiles : *visitscotland.com*, *hostellingscotland.org.uk*

Écoresponsable

- Vous avez la liberté de randonner partout – lochs, collines, forêts... – sauf sur les terres cultivées et aux abords immédiats des maisons. Ne vous garez pas devant l'entrée d'un champ, laissez les barrières telles que vous les avez trouvées, emportez vos déchets. Le code du bon marcheur en Écosse est téléchargeable en français sur *outdooraccess-scotland*. Urgences : 999, Scottish Mountain Rescue.

Quelques clés pour vous aider à lire une carte et à randonner futé.

- ***Abhainn*** : rivière
- ***Achadh*** : champ
- ***Àird, àrd*** : hauteur, pointe
- ***Allt*** : rivière, ruisseau
- ***Aonach*** : plateau, crête
- ***Àth*** : gué
- ***Bàgh*** : baie
- ***Baile*** : ferme, hameau
- ***Bealach*** : col, passe
- ***Beinn, ben*** : mont, pic
- ***Bothy*** : refuge, abri
- ***Burn*** : ruisseau
- ***Byre*** : grange
- ***Camas, camus*** : crique, anse
- ***Carraig*** : rocher
- ***Ceann*** : tête, bout, promontoire
- ***Clachan*** : village
- ***Cnoc*** : butte, éminence
- ***Coire, corrie*** : cirque, creux
- ***Creag, creige, crag*** : précipice, falaise
- ***Drochaid*** : pont
- ***Dùn*** : fort, tertre
- ***Eas*** : cascade, chute d'eau
- ***Eilean*** : île
- ***Gleann, glen*** : vallée
- ***Inbhir*** : confluent
- ***Loch*** : lac, bras de mer, « fjord »
- ***Lochan*** : petit loch
- ***Meall*** : colline ronde, bosse
- ***Munro*** : mont de plus de 914 m
- ***Pap*** : mamelon
- ***Rathad*** : sentier, chemin
- ***Ros, rois*** : péninsule
- ***Rubha*** : pointe
- ***Sgùrr, sgòr*** : colline conique
- ***Srath, strath*** : large vallée
- ***Sròn*** : colline ayant le profil d'un nez
- ***Steal*** : torrent
- ***Taigh, tigh*** : maison
- ***Tràigh*** : plage
- ***Uamh*** : grotte

Cheminer dans l'Histoire

Par Marc Porée

Aux modalités de la marche romantique, dont Roland Barthes affirme qu'elle connaît deux moments où le corps entier de l'homme s'engage : ou bien la peine du cheminement, ou bien l'euphorie du panorama, âprement conquis, il convient, dans le cas de Stevenson, d'en ajouter un troisième : l'affleurement, sous ses pas, de l'Histoire avec sa grande hache.

Sur le plateau de Finiels

Représentation des persécutions contre les protestants cévenols

Marcheur dissident

Plutôt, en effet, que de chercher à se fondre dans le paysage, et partant dans la géographie, au point d'y disparaître, le voyageur dans les Cévennes aspire à marcher sur les traces d'un passé vieux de près de deux siècles. Au «cœur du pays» camisard, dans chacun de ces lieux «de sanglante mémoire», à Pont-de-Montvert tout particulièrement, innombrables sont les marques des massacres remontant à la guerre des Cévennes (1702-1704), sous forme d'ossements d'anciens combattants mis au jour, un après-midi, «en plein XIXe siècle», dans un champ où les ancêtres avaient livré bataille et où, aujourd'hui, leurs arrière-petits-enfants travaillent paisiblement. Croisé en chemin, un antique berger, sautillant à l'aide de deux cannes et coiffé d'un bonnet phrygien, fait l'effet d'un combattant qui aurait perdu ses compagnons en fuyant devant le capitaine Poul, à la tête des Dragons de Louis XIV, et errerait depuis lors dans les montagnes. Le temps de la marche, Stevenson redevient l'exact contemporain des «sectateurs» et autres «fanatiques» de ce temps-là, pour lesquels il prend fait et cause – tout comme il s'engagera, plus tard, aux côtés de la population samoane en butte aux exactions commises par les colons européens et américains dont il conteste la domination. S'il marche, c'est pour placer ses pas dans ceux de lointains dissidents qui pourraient être ses proches parents.

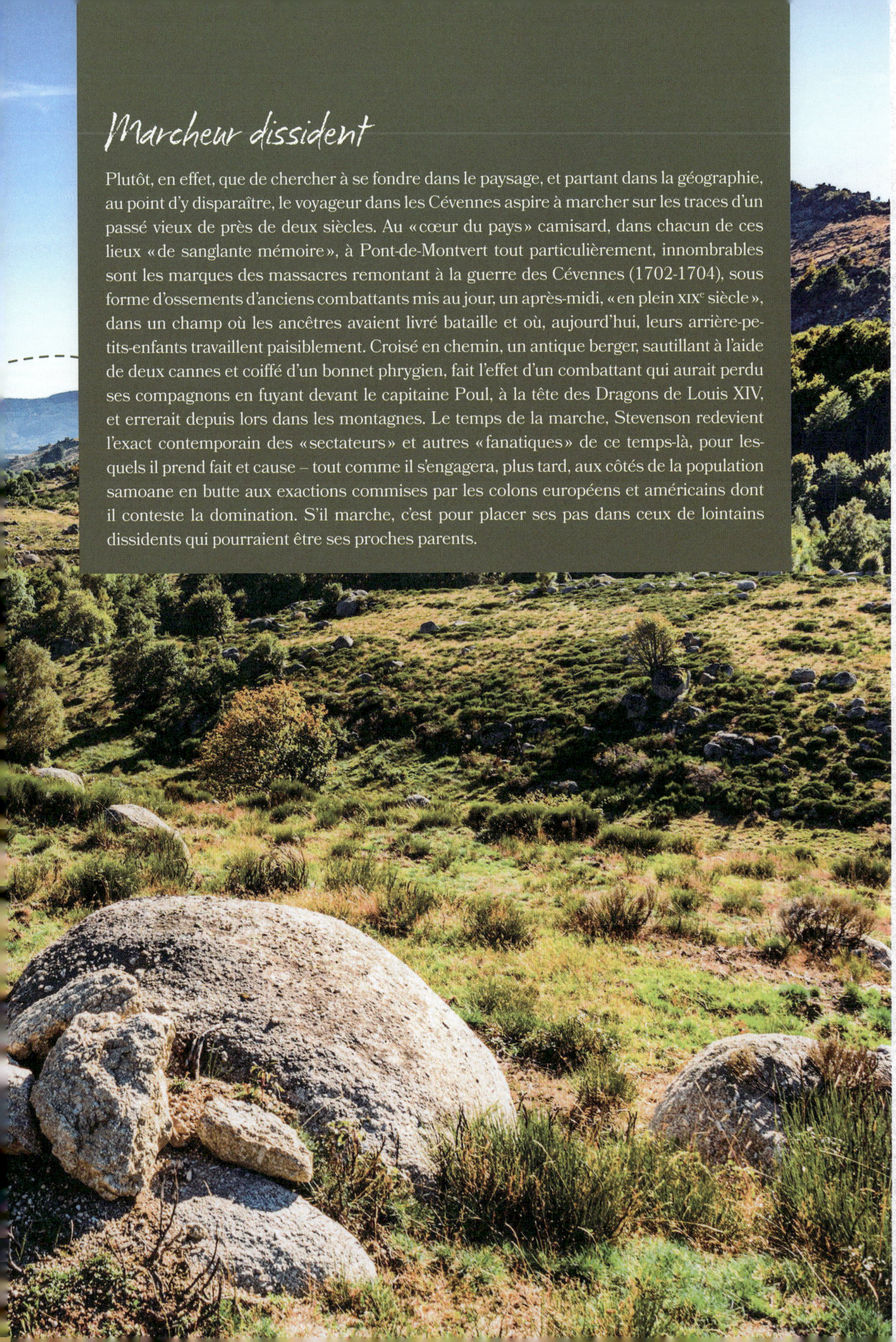

Rannoch Moor

Mémorial de la bataille de Culloden, Inverness

Le complexe calédonien

Son Écosse natale, en effet, il se fait fort de la retrouver partout où il s'aventure. Haute-Loire, Bas-Languedoc, rien ne le dépayse vraiment, car tout revêt un « air de famille » et le rapatrie, à commencer par le relief, la population (pour sa forte composante protestante) et les mœurs locales. Vertigineuse est ainsi l'impression qu'il donne de progresser en terrain connu, alors qu'il est l'un des rares touristes à pénétrer dans ces lointaines terres encore largement enclavées. On objectera que sa manière de faire revivre avec éclat ces farouches guerres de religion d'antan doit autant à ses talents d'écrivain qu'à la documentation longuement consultée à la Bibliothèque nationale d'Écosse, une fois rentré au bercail. Certes, mais rien ne saurait remplacer la rencontre *in situ* et *in vivo*; surtout, son érudition pèse peu, au regard de ses échanges avec telle ou telle figure haute en couleur, ou des longues nuits passées à s'imprégner de l'esprit du lieu, à même le tuf d'origine. Tout cela le conforte dans le sentiment de relever, lui aussi, d'une lignée de perdants magnifiques. Lors de son séjour californien, en 1880, Stevenson ressentira tout aussi douloureusement la dépossession territoriale des Amérindiens par les Mexicains, puis par les Américains, y trouvant un parallèle criant avec la mise sous tutelle de l'Écosse moderne. Absente de son plaisant canotage sur les canaux et les rivières, de la Belgique à la France, la conflictualité lui tiendra désormais lieu de boussole : les « chemins noirs » chers à Sylvain Tesson lui ouvrent les yeux sur la réalité d'antagonismes séculaires, tranchants comme la lame d'un couteau. Tout juste concède-t-il que, dans les Cévennes, la tolérance reprend lentement ses droits, contrairement au climat de vendetta et de ressentiment qui perdure dans les contrées montagneuses au nord du mur d'Hadrien. C'est décidé, toute sa fiction future, *Enlevé!*, *Catriona*, *Le Maître de Ballantrae*, jusqu'à l'inachevé *Hermiston*, s'enracinera dans la persistance d'un complexe, radicalement calédonien.

Défenseur des peuples

Écossaise est la lunette – d'explorateur ou d'ethnologue – avec laquelle il scrute l'usage qui est fait du monde. Écossais un jour, Écossais toujours. Highlands, Cévennes, Polynésie, même combat, identitaire autant qu'existentiel : lutter pour ne pas disparaître sous la botte de l'envahisseur. Et en même temps, on sent chez lui une confiance inébranlable placée dans la capacité de ces peuples sous le joug à résister. Persécutions et oppression ne pourront faire que les Irlandais cesseront un jour d'être Irlandais. Les particularismes d'une nation qui tient tête à qui cherche à la faire rentrer dans le rang sont trop enracinés pour s'effacer. Plutôt que de s'indigner qu'on pût le confondre avec un colporteur, en raison de l'encombrant paquetage qu'il trimballe, sans même parler de l'improbable « fouet à œufs » dont il se débarrasse très vite, le Cévenol de cœur devrait s'en réjouir : de fait, il colporte la chronique du malheur des peuples, passé ou présent, comme on porte une croix. Solidaire du martyre enduré par ses frères d'armes, le pèlerin en route vers quelque sanctuaire, Notre-Dame-Des-Neiges ou Compostelle, marche, au propre comme au figuré, en protestant.

Selon Antoine de Baecque, spécialiste de l'histoire « marchée » en pays alpin, la marche, parce qu'elle se veut anonyme et égalitaire, ainsi que dépouillée et pacifique, a pour effet de résister au monde et aux puissants. Fortes de la dimension ethnographique qui les caractérise, ses enquêtes sur un terrain tout sauf de jeu font de Stevenson, outre un maître incontesté du *travel-writing*, un partisan convaincu que marcher, ce n'est jamais juste se rendre d'un point à un autre, synonyme de facilité et de capitulation. C'est, au contraire, « bouger, sentir de plus près les besoins et les démangeaisons de notre vie, descendre de ce lit de plumes qu'est la civilisation et trouver sous nos pieds le globe granitique, semé de silex coupants ». À l'instar d'un Jean-Paul Kauffmann, avec *Remonter la Marne* (2013) ou d'un Axel Kahn (*Chemins*, 2018), sachons, sans mollir, lui emboîter le pas.

Robert Louis Stevenson (centre) et sa famille à Vailima, île d'Upolu, Samoa

Édimb
Lothian

Rock Bass depuis Limetree Walk Beach

Édimbourg et la région du Lothian ont vu naître et grandir Stevenson jusqu'à ses 28 ans. L'enfant qui joue au pirate dans les dunes de North Berwick envoie déjà du sable dans l'œil des lecteurs de *L'Île au trésor* ; et dans les Pentland Hills rebelles, il imagine la trame de son premier récit historique, *The Pentland Rising*. Ici, trois randonnées officielles vous mènent dans ses pas : la Berwick Walk, sur la côte de l'East Lothian, les Pentland Hills et bien sûr Édimbourg, étape-clé, où Stevenson est né. Le visage de la ville, déchiré entre Old et New Town, fait du docteur Jekyll son cruel jumeau. Bref, le Lothian est une région capitale, à plus d'un titre.

ourg *et le*

FIRTH OF FORTH
Queensferry
Cramond
Dean Village
Holyrood Palace
Newbridge
Castle
ÉDIMBOURG
Arthur's Seat
Craigmillar Castle
Swanston
Dalkeith
Allermuir Hill
Glencorse Reservoir
PENTLAND HILLS
Hawthornden Castle
Flotterstone
Rosslyn Chapel
Penicuik
Nine Mile Burn

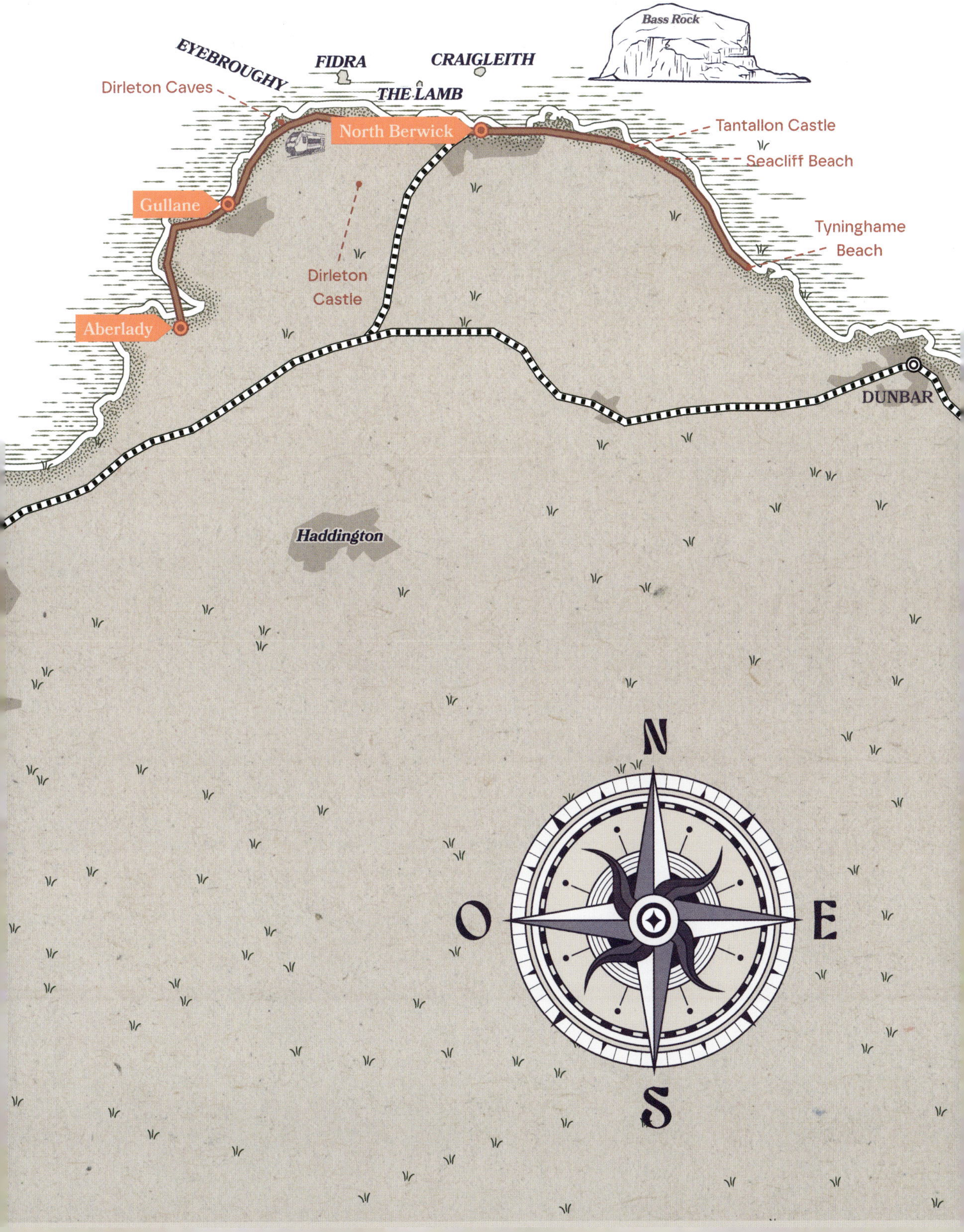
Bass Rock
EYEBROUGHY
FIDRA
CRAIGLEITH
THE LAMB
Dirleton Caves
North Berwick
Tantallon Castle
Seacliff Beach
Gullane
Dirleton
Castle
Tyninghame
Beach
Aberlady
DUNBAR
Haddington
N
O
E
S

Marcher dans l'enfance

De Tyninghame Beach à Aberlady

« Cette portion de la côte du Lothian est restée jusqu'à nos jours plus sauvage et le peuple y est plus grossier que n'importe où ailleurs en Écosse. »

Robert Louis Stevenson, Catriona, *1893 (Trad. Théo Varlet)*

Sous une pluie battante, le regard perdu sur l'estran brouillé par l'ondée, Martin me serre la main et me souhaite bonne chance... Son visage, fin comme une lame, mangé par une barbe blanche aussi légère que l'écume, me fait penser à celui d'un explorateur. En me conduisant de la gare de Dunbar jusqu'à la plage de Tyninghame, le directeur de l'itinéraire culturel européen Sur les traces de Robert Louis Stevenson m'avait présenté cette côte de l'East Lothian comme celle de l'enfance de Stevenson. Le futur écrivain venait souvent à North Berwick l'été, dans une maison que louait son père. Il y explorait le Berwick Law, jouait aux contrebandiers avec le cousin Bob dans les grottes sur la côte, écoutait, fasciné, la légende des Scoughall Pagans, qui attiraient les bateaux sur le récif afin de mieux les dévaliser...

La plage de Tyninghame commence au bout de Limetree Walk. L'allée forestière et le Links Wood mènent au cœur du John Muir Country Park, du nom du célèbre naturaliste né à Dunbar. La plage, dont les contours disparaissent dans la bruine, est l'endroit rêvé où « robinsonner » : l'expression plaisait beaucoup à Stevenson. Il n'y a personne et je commence à penser que cette mâture sans feuilles peut cacher des pirates ivrognes, dont la lame est des plus affûtées ! Bref, l'anxiété sourd, et me voilà bientôt prêt à aller « main dans la main avec la sorcière », comme disait Stevenson, qui suggère ici la chose à ne pas faire : penser à ses craintes lorsqu'il s'agit d'avancer... Pourtant, je sens bien qu'ici, dans cette immensité de sable déserte, rien ne sert de manifester un besoin d'assistance, je ne serais jamais entendu.

Tyninghame Beach

Tantallon Castle

Malgré la pluie battante qui délave le paysage, j'aperçois au loin mon premier repère, un immense cairn sorti de la mer, brillant d'un éclat blanc inattendu : Bass Rock. L'île, royaume des seuls fous de Bassan, a sombré dans la bruine. Ravensheugh Sands, l'autre nom de Tyninghame Beach, se prolonge indéfiniment. Cette étendue de sable doré adossée à des dunes donne l'impression d'une immense civière. Les petites baies se succèdent. Les traverses s'additionnent. La bruine se transforme en pluie torrentielle. Après le Peffer Burn et le Pilmur Burn, minces ruisseaux creusant quelques sillons dans le sable pour atteindre la mer, je franchis les rochers rouges de Scoughall Rocks. Ces gros blocs oxydés forment comme des visages lippus me considérant gravement. Au loin, des sangsues plus que des rochers bombent l'immensité sableuse. Les dunes dissimulent Scoughall Farm, une ferme que Stevenson a sûrement visitée plusieurs fois pendant les vacances de son enfance.

Un frisson primitif court le long de ces falaises qui donnent l'illusion d'un rythme musical. Les rochers sont posés comme des gammes. Quel musicien pourrait traduire ce spectacle ? Les protubérances seraient-elles des mauvaises notes ? Le varech donnerait-il un effet de trille ? Je glisse sur des substances chevelues, qui laissent penser que le Dr Jekyll a déversé ici toute la potion qui le changeait en Mr Hyde. Marcher dessus, c'est comme essayer de se déplacer sur du savon... Il n'est pas difficile d'imaginer les héros d'*Enlevé !* et de *Catriona*, Alan Breck et David Balfour, errer sur la grève, parmi « les nuages qu'habitaient des fantômes homicides », selon la description que Chateaubriand fait du Morvern. Un autre romantique, Charles Nodier, décrivait les effusions de lumières écossaises « sous la forme d'un géant couché ou d'une grande biche blessée à mort », dans son récit de voyage publié en 1821. La lutte à mort et les nuages rancuniers... Pourquoi ce thème constant en Écosse ? Pourquoi ces nuages si mauves et si rouges ? Est-ce parce que l'histoire du pays a trempé son bonnet dans le sang de Culloden ? Après la jolie baie de Seacliff, je retrouve le monde des rochers couvert de varech. En une seconde, mon parapluie virevolte, comme gonflé à l'hélium, et mes lunettes le rejoignent en jolis papillons. Quant à moi, je suis à terre. Certes, il y avait bien eu quelques alertes, quelques glissades contrôlées, mais je reste interloqué par ma chute... et par la douleur aiguë qui me lacère les côtes. L'heure qui suit devient celle des hallucinations. Ce décor noyé dans un dégradé de gris ruisselant provoque des dédoublements. Des existences parallèles semblent s'éloigner peu à peu de leur centre. Je remarque une silhouette là-bas ! Un ami !? Il a l'air concentré. La pluie ne l'embarrasse pas.

Est-ce la confusion du paysage ?
Est-ce la douleur ? Toujours est-il
que je reconnais en lui mon double,
sans stupeur ni consternation.

Qui s'engage sur les traces de Stevenson ne part-il pas à la recherche de son double ? Comme le Dr Jekyll et Mr Hyde, comme James et Henry, les deux frères ennemis du *Maître de Ballantrae* ? Il paraît qu'une passion pour les doubles évoque une angoisse de mort... Plusieurs fois celle-ci apparut à Stevenson, lui posa la main sur l'épaule en disant : « Crois-tu que tu pourras aller jusque-là ? Allons, sois lucide... » Quand une terrible crise d'hémoptysie frappe l'écrivain, elle provoque un cauchemar où apparaissent deux visages : les figures du Dr Jekyll et Mr Hyde. Stevenson était-il en quête d'échappatoires, de tâches à faire accomplir par un autre, une autre version de lui-même, sûrement plus vigoureuse, mais peut-être aussi ennemie ? La silhouette s'évanouit : ce n'était qu'une borne d'amarrage.

Voici Tantallon, château de grès rose comme une langue de géant. Peut-être est-ce le même ogre qui a égaré ses lèvres en rochers lippus sur le rivage? N'est-ce pas aussi sur cette falaise qu'au XIXe siècle on conduisait des chevaux équipés de lanternes le long des chemins pour donner l'illusion d'un navire au mouillage? Les navires en mer, leurrés, avançaient confiants vers la côte pour mieux s'échouer sur les récifs... Le gang des «païens de Scoughall» s'emparait alors de tous les biens et pendait les marins qui ne leur servaient à rien. Un récit d'aventures qui inspira à Stevenson *Trafiquant d'épaves* (1892).
Le tapis verdoyant du Glen Golf annonce North Berwick, dominé au sud par la Law, un piton volcanique de 200 m de hauteur qui donne à cette petite cité portuaire un charme étrange... Des enfants jouent sur la plage. Les coquillages qu'ils ont en main sont fabuleux, ils font résonner en moi tous les souvenirs d'enfance. En continuant mon chemin, l'écho des rires et des cris s'éloigne, et avec lui les réminiscences de la jeunesse. Me voilà à nouveau dépossédé de cet accès aux premiers temps... La nuit commence à descendre.

Je trouve rapidement la maison où je suis attendu, mais personne n'ouvre à mes coups répétés. J'attends quelques minutes. Soudain, une voix résonne dans le crépuscule humide : «Comment ça va mon ami ?» s'exclame une forme au bout de la rue. Je ne reconnais pas tout de suite Martin, mais la silhouette longiligne de l'inconnu me fait penser à celle de Stevenson. Machinalement, je me touche le front pour savoir si la fièvre n'est pas montée. Au même instant, la porte devant laquelle je stationnais s'ouvre enfin : «Bonsoir!» C'est Rex. Si Martin a un visage comme caressé par l'écume des Caraïbes, Rex a celui d'un homme ballotté par les houles du Nord. Ses yeux, éblouis par la succession des phares, impressionnent, comme ses mains, promptes à mater d'un coup de gouvernail les frondes du climat et des hommes. Rex pourrait descendre de Platon, de Galilée ou d'un vieux loup de mer.

North Berwick

Il semble un rocher battu par les flots.
« Vous êtes-vous remis de cette pluie ? me demande Martin au cours de la soirée. – Il a plu aujourd'hui ? coupe Rex. – Oui, une pluie torrentielle » répond Martin. Rex explique alors que, par un phénomène climatique lié au relief de North Berwick, la pluie ne tombe jamais au-dessus sa maison, car la pointe de North Berwick bénéficie des reliefs qui percent les nuages avant qu'ils n'atteignent son côté, l'embouchure de l'estuaire du Forth. Magique.
Pendant le dîner, nous évoquons Stevenson, Conan Doyle, James Matthew Barrie : David Balfour, Sherlock Holmes, Peter Pan... Il y a quelque chose dans cet air du Lothian qui fait courir les héros sur les pages blanches. Tout appelle la péripétie.

Le lendemain matin, plutôt que de continuer sur la côte, je pique à l'intérieur des terres jusqu'au château de Dirleton. Dans les cuisines de cette forteresse médiévale en ruine, je crois apercevoir Long John Silver. C'est d'ailleurs le nom que Stevenson envisageait pour son roman : *The Sea Cook*, « le cuisinier de bord ». Tout tenait dans le visage de Long John... Des images du mutin terrible reviennent dans cette salle impressionnante, peuplée de complots d'arrière-cuisine. D'ailleurs, l'un des propriétaires de Dirleton, Lord Gowrie, fut exécuté pour participation à un complot visant à enlever le futur roi d'Écosse James VI (Jacques VI), en 1582. Gowrie aimait beaucoup son domaine : il y a planté les nombreux ifs qui se dandinent aujourd'hui dans les vents funèbres.

Après avoir longé un nouveau golf, je retrouve la côte au niveau de la plage de Yellowcraig. D'ici, l'île de Fidra apparaît dans toute sa rude beauté. Le père de Stevenson, Thomas, et son cousin, David, ont construit son phare, comme d'ailleurs la majorité de ceux d'Écosse. On a supposé naturellement que Fidra avait inspiré *L'Île au trésor* à Stevenson. La vision de Fidra s'éloigne... J'ai l'impression de trouver en l'enfance de Stevenson des échos de la mienne. En ce début de mois de mai, je retrouve sur ces paysages du Lothian des lumières qui évoquent une autre région verte et boisée, une sorte d'Écosse française : la Normandie. La Normandie de mon enfance, comme un bout de banquise détaché de la France qui vogue loin de son climat d'élection. Il y a les événements dramatiques du monde dont les journaux se font l'écho, et il y a des événements fins comme des lames qui viennent frapper directement nos cœurs. C'est peut-être ce que l'on vient chercher de meilleur en marchant sur les pas d'un écrivain célèbre. Stevenson est un compagnon de route : il promène une lanterne dont les reflets tremblants éclairent des périodes oubliées de nos vies. C'est notre enfance qui court là, sur les dunes ! Les illustres héros de Stevenson, Jim Hawkins, David Balfour, sont-ils autre chose que des adolescents retrouvés ?

Voilà que l'enfance flotte au milieu du « fleuve noir », le *Firth of Forth* menant à Édimbourg. Comme une image des lieux que nous ne pouvons jamais revoir sous la lumière de la jeunesse – et qu'il ne faut donc plus revoir. Stevenson, en adoration devant l'Écosse de son enfance, n'est jamais revenu, sauf pour l'enterrement de son père.

Il y a un effort à accomplir pour atteindre les lumières de son enfance en un point différent de la Terre.

Après Archerfield, village sélectif aux maisons neuves, voici le golf qui lui appartient (ou est-ce l'inverse ?), puis des dunes. Un groupe d'écoliers passe en file indienne. Le crayon du temps n'est pas encore passé sur eux. Ils sont très présents. Trop. Ils ne peuvent chercher leur enfance puisqu'ils y marchent avec vigueur. D'ailleurs, ils ne vont pas dans la même direction que moi.

Le bruit des rochers qui s'effritent choque à nouveau mes oreilles ; puis le son rauque laisse place aux caresses des herbes hautes des dunes, et c'est le retour des rochers. Il y a un rythme différent de celui d'hier. Celui de l'alternance des baies, des criques et des plages.

Je continue ma route sur des petits chemins qui parfois disparaissent complètement dans les hautes herbes. De nouveau, un golf ! Je ne cherche même plus à savoir s'il est différent ou s'il prolonge l'autre. Sur la plage de Gullane, je distingue au loin les rochers de Hummell. Trois femmes sans visage m'épient depuis la grève tandis que j'observe cette immensité un peu cachée dans les dunes et les épines. Dans ce pays de genêts et de bruyères, elles m'évoquent les trois sorcières de Macbeth. Mais ici, c'est moi qui suis pris, apparemment, pour une sorte de gnome courant parmi les herbes. Un gnome inquiet, tourmenté par le temps qui se dérobe.

Pensant contourner une zone de rochers farouches, je m'engage une fois de plus dans des dunes, fleuries cette fois. Des papillons volent à droite et à gauche, ils semblent se changer en oiseaux sitôt qu'ils touchent les buissons d'en face, puis reprendre leur apparence de coléoptères quelques mouvements d'ailes plus loin. Les rochers de Hummel me barrent la route. Comme la marée est haute, je ne peux pas passer au large, il me faut reprendre par les dunes. Un golf encore, mais de ce promontoire une vue sublime s'ouvre vers le fond de l'estuaire du Forth. Les Pentland Hills, Arthur's Seat... On dirait qu'un pirate a croqué dans ces montagnes comme en un fruit juteux, et y a laissé l'empreinte de ses dents. Le ciel violet se déchire par endroits : le « Jolly Roger » laisse place aux bandes blanches striant l'azur de la croix de Saint-André frappant le drapeau d'Écosse.

J'amorce maintenant la descente vers la réserve d'Aberlady. Sa lagune ensablée évoque le Neverland, ce pays imaginaire dont les habitants refusent de grandir... L'automne, des milliers d'oies à bec court viennent d'Islande se reposer dans ces marécages. Un pont en bas de l'éminence semble la dernière communication de ce monde à part avec la civilisation. C'est l'enfance que je laisse, l'enfance qui a profité du vol des courlis d'Aberlady pour quitter cette planète. Il y a un effort à accomplir pour atteindre les lumières de son enfance en un point différent de la Terre – comme Stevenson, peut-être, qui dut traverser les océans pour retrouver toute la couleur de sa jeunesse, pour peindre mieux l'Écosse qu'il ne l'aurait fait en y demeurant...

× × × Dimitri de Larocque Latour

Édimbourg

« Nous, les Écossais, sommes, à mon avis, les premiers parmi les nations en matière d'illustration sinistre de la mort. »
R.-L. Stevenson, Edinburgh: Picturesque Notes

Localisation : *Édimbourg*

Distance : *8 km*

Itinéraire au départ d'Advocate's Close, au pied de la cathédrale Saint-Gilles et à destination de Dean Village via la New Town

Infos utiles : edinburgh.org, robert-louis-stevenson.org/edinburgh/

Bienvenue dans la couronne de l'Écosse ! Cette coalition de tours acérées et de promontoires volcaniques lui vaut le titre d'« Athènes du Nord ». Le brouillard pénétrant des hauteurs, l'abîme des rivières sous les ponts, les châteaux hantés par Mary Stuart… votre destin se joue ici, comme celui de tant de héros du pays ! Édimbourg est aussi la ville aux deux visages (d'ailleurs, on vous dit un secret : ce n'est pas du tout Londres qui est décrit dans *L'Étrange Cas du Dr Jekyll et de M. Hyde*, mais bien Édimbourg !). Ce principe posé, vous comprendrez les mille ruses de ce labyrinthe de pierre… qui a comme un air de « chemin de traverse ».

X X X

La meilleure solution pour visiter le Lothian est de poser vos valises à Édimbourg. C'est le berceau de Robert Louis Stevenson et naturellement le point de départ de votre exploration. Vous parcourrez les rues de la vieille ville (Old Town) et de la ville moderne (New Town), avant de grimper sur les hauteurs de la couronne rocheuse. Explorez d'abord chaque recoin du Royal Mile, cœur historique d'Édimbourg, reliant le château au palais de Holyrood. De Canongate à High Street, le quartier est inscrit au patrimoine mondial de l'Unesco. D'aspect ténébreux par son habitat – façades de grès et de granit – la présence de grands jardins et la vision constante de l'estuaire du Forth donnent à Édimbourg presque un air de ville littorale. La capitale de l'Écosse contentera les amateurs de poésie romantique et de romans gothiques – *Frankenstein* et *L'Étrange Cas du Dr Jekyll et de M. Hyde* en tête. Vous y croiserez en repérage des auteurs de thrillers, de romans fantastiques… C'est du reste la ville la plus littéraire du monde, à en juger par le nombre d'écrivains de réputation internationale qui y sont nés… D'ailleurs, n'est-ce pas l'un d'eux qui nous amène ici ?

Bien vérifier ses serrures à *Advocate's Close*

Visitez d'abord le musée des Écrivains, à deux pas du château, dans la belle maison Lady Stair's House (1622) : il célèbre les trois grands poètes nationaux, Robert Burns, Sir Walter Scott et, bien sûr, Robert Louis Stevenson – on y voit notamment son journal de croquis. Puis engouffrez-vous dans Advocate's Close : c'est ici que Stevenson et quelques amis fondèrent la ligue Liberty, Justice, Reverence, dont la devise était « Méprisons tout ce que nos parents nous ont appris ! ». C'est dans Brodie's Close, une autre venelle obscure un peu plus loin, que se trouvait l'atelier de Deacon Brodie (à la place de l'actuel Deacon's House Cafe). Cet ébéniste renommé jouissait d'une clientèle fortunée… au point qu'il gardait une copie des clés des meubles qu'il restaurait, pour mieux aller cambrioler ses clients la nuit. Est-ce parce que les Stevenson avaient eux aussi des meubles de Brodie que Louis a dépeint cette personnalité double dans *L'Étrange Cas du Dr Jekyll et de M. Hyde* ?

Writers' Museum – Lawnmarket, Lady Stair's Close. *edinburghmuseums.org.uk/venue/writers-museum* Gratuit.

Effacer les traces de sang au palais de Holyrood

Le palais de Holyrood porte les stigmates du meurtre de David Rizzio, secrétaire de Marie Stuart. En effet, Lord Darnley, deuxième époux de Mary Stuart, soupçonnait Rizzio d'être son amant. Il le croyait même espion. Il se joignit à un complot de nobles protestants pour l'assassiner en 1566, au cœur du palais. Darnley ne tarda pas à tomber, victime du pacte de Craigmillar, un accord secret conclu entre Mary et des nobles écossais pour le supprimer. De Holyrood, on peut rejoindre Arthur's Seat, à 251 m d'altitude, en 2 h de marche : la vue sur Édimbourg est stupéfiante !

Palais de Holyrood – Canongate. *rct.uk/visit/palace-of-holyroodhouse* Payant.

Advocate's Close

Service public

De l'automne 1827 à celui de 1828, William Burke et William Hare ont asphyxié plusieurs des pensionnaires de leur logement de Tanner's Close afin de vendre leurs cadavres à Robert Knox, médecin et anatomiste réputé du Royal College of Surgeons d'Édimbourg. Il est vrai qu'à l'époque, il y avait une pénurie de cadavres… Seul Burke fut condamné à la pendaison – Hare y échappa en témoignant contre son complice. De cette affaire, Stevenson tira la substance de sa nouvelle *Le Voleur de cadavres* (1884).

Compter les chiens et les chats au cimetière de Greyfriars

L'église de Greyfriars est un haut lieu de la lutte des presbytériens contre la réforme de l'Église écossaise voulue par le roi Charles Ier. C'est en ses murs que fut signé en 1638 l'acte inaugural de la rébellion – le National Covenant – un accord qui allait faire naître une insurrection nationale et déclencher les Guerres des Évêques (*Bishops' Wars*). L'entrée du cimetière attenant est ornée de la statue d'un chien, le célèbre Bobby ! Ce Skye terrier vint chaque jour pendant 14 ans se coucher sur la tombe de son maître jusqu'à sa mort en 1872 ! Stevenson a-t-il rencontré Bobby lors de ses visites à Greyfriars ? Sûrement… Mais il était alors plus frappé par le nombre de chats : « J'en ai vu un après-midi jusqu'à treize d'entre eux assis sur l'herbe à côté du vieux Milne, le maître d'œuvre, tous élégants et gros, et clignant des yeux avec complaisance, comme s'ils s'étaient nourris de viandes étranges. » Stevenson aimait surtout la vue depuis le cimetière : « Une perspective ouverte est souhaitable depuis un cimetière, et une vue sur le ciel et une partie de la beauté du monde soulage l'esprit des pensées morbides. »

26A Candlemaker Row. Tlj. 24 h/24.

Gravir Calton Hill

C'est la meilleure vue d'Édimbourg pour Stevenson, « puisque vous pouvez voir le château, que vous perdez depuis le château, et le Siège d'Arthur, que vous ne pouvez pas voir depuis le Siège d'Arthur ». Logique ! Calton Hill permet de tout embrasser du regard : la vieille ville, le château, la nouvelle ville… Au pied de la colline, on marque un arrêt au petit temple néogrec qui rend hommage au poète national écossais et gloire du romantisme en Europe : Robert Burns. En contrebas s'étend le New Calton Burial Ground, où l'on pourra méditer devant le mausolée de la famille Stevenson : plusieurs générations y reposent. Prenez Robert, le grand-père ingénieur : l'Écosse et ses marins lui doivent la construction de nombreux phares, dont celui de Bell Rock, érigé en 1811 sur un récif immergé vingt heures par jour ! Un défi inouï à l'époque.

Guérir l'arthrite à Dean Village

Avant de rejoindre Dean Village, une halte s'impose au 17, Heriot Row, dans la New Town. En 1857, la famille Stevenson s'y installe pour une longue période. En face s'ouvrent les jardins de Queen Street (privés), qui semblent la source de tous les rêves. Juste à l'ouest, voici Dean Village, arrosé par la Leith qui sourd des Pentland Hills. Au XVIIIe siècle, cet ancien village de meunerie ne comptait pas moins de onze moulins activés par les forts courants de la Leith. Repérez le temple d'Hygie, déesse grecque de la santé : il couvre avec élégance le St Bernard's Well, une source naturelle découverte en 1760, dont les eaux sulfureuses acquirent vite la réputation de guérir l'arthrite, les maux de dos et même de permettre aux aveugles de recouvrer la vue ! Juste à l'ouest, enjambant la vallée de quatre élégantes arches de pierre, voici le Dean Bridge. Jusqu'à sa construction en 1831, seul un gué permettait de franchir la rivière…

Dean Village et la rivière Leith

Belles demeures de la New Town

Faire place nette

Si Old Town, «vieille enfumée», est hantée par la malice, New Town est régie par la science des Lumières. Sa traversée offre une alternance de rues étroites, de larges avenues et de places verdoyantes. Imaginez que cette ville moderne fut construite par un architecte de 23 ans, James Craig (avec le concours de Robert Adam, pour les lignes classiques de Charlotte Square)! Au XVIIIe siècle, il fallait désengorger la vieille ville, meurtrie par les incendies et les épidémies. Les grandes places succèdent à des rues en demi-lune, et des parcs privés verdissent l'ensemble. Sur Princes' Street, la National Gallery of Scotland recèle des tableaux de Rembrandt, Monet, Gauguin… mais le palais le plus impressionnant est celui de la Scottish National Portrait Gallery. De style néogothique, son intérieur est d'une beauté cosmique. La Grande Salle possède un plafond renversant, inspiré du zodiaque, avec 2000 étoiles d'or (47 constellations)! Sous ces galaxies vous sera contée l'histoire du pays, avec des évocations de Mary Queen of Scots, Robert Burns et Charles Edward Stuart…

National Gallery of Scotland – The Mound.
Scottish National Portrait Gallery – 1 Queen St.
nationalgalleries.org Gratuit.

Y aller : *en avion*

Au départ de Paris (1h50), Lyon, Bordeaux, Marseille… et à destination d'Édimbourg.

Y aller : *en train*

En train Eurostar à destination de Londres St Pancras International (2h20), et depuis Euston Station ou King's Cross jusqu'à la gare d'Edinburgh Waverley (4h30-6h).

Infos touristiques :

edinburgh.org
visitscotland.com

Château de Tantallon

Tyninghame Beach – Aberlady

Localisation : *La côte de North Berwick*

Distance : *25 km*

Étapes : Tyninghame Beach (Dunbar) – North Berwick → 10 km

North Berwick – Aberlady → 15 km

C'est la région d'Écosse la plus ensoleillée ! David Balfour n'en a pas beaucoup profité, puisque le roman *Catriona* narre la manière dont il fut séquestré à Bass Rock. L'East Lothian est une région maritime, tout orientée vers la mer du Nord. Des ruines rouges et des îles noires entourées d'oiseaux gris vous chanteront les guerres et les terribles procès en sorcellerie qui se déroulèrent ici, à North Berwick : on dit que les vagues à l'assaut des récifs répètent les cris des condamnées dans les flammes… Heureusement, la côte a son remède dans le ciel : les oiseaux rares y sont nombreux. Et Stevenson vous guidera dans les grottes de son enfance, où il jouait aux pirates avec ses cousins.

× × ×

En partant de Dunbar, après avoir longé la côte et admiré l'immensité, s'il vous venait l'envie d'un peu de réclusion mystérieuse ? Concrètement, la côte de l'East Lothian court sur 65 km depuis Dunbar jusqu'à Musselburgh, aux portes d'Édimbourg. La perle de cette côte est Tantallon Castle. Entre deux plages, les sportifs seront autant séduits par les chemins de randonnée que par les golfs souvent installés le long des sentiers. D'ailleurs, vous pouvez suivre les pas de Stevenson comme ceux d'un autre ami des grands espaces, le naturaliste John Muir, natif de la région. Les ornithologues seront ravis de découvrir plusieurs lieux d'observation. Quant aux rêveurs, ils doivent garder en tête que l'East Lothian est certainement à l'origine de *L'Île au trésor* ! On a parfois localisé l'île à proprement parler à Fidra, au large de la plage de Yellowcraig. Pour rejoindre le point de départ, la plage de Tyninghame, l'idéal, d'Édimbourg, est de prendre un train en gare de Waverley jusqu'à Dunbar, puis le bus 120 vous rapprochera de la plage de Tyninghame, point de départ de notre balade. À mi-chemin, North Berwick est une escale de choix pour la nuit. Entre deux rochers, la pause gourmande est à réserver au Drift, avec vue sur Bass Rock en prime.

John Muir

C'est à Dunbar qu'est née l'autre vedette de la région : John Muir. Souvent qualifié de premier écologiste du monde, Muir est certes né à Dunbar, mais sa famille est partie vivre aux États-Unis lorsqu'il avait 11 ans. C'est à lui que l'on doit la création du parc national de Yosemite. Il était aussi inventeur, botaniste, géologue, glaciologue, agriculteur… Le John Muir Country Park donne un bel aperçu des chemins de sa jeunesse écossaise, puis le John Muir Way vous emportera à pied, à cheval ou à vélo pour une traversée de 134 miles (env. 215 km) d'est en ouest de l'Écosse.

John Muir Birthplace Trust – 126 High Street, Dunbar. Tél. 01368 865 899, *jmbt.org.uk*
Entrée gratuite.
John Muir Way – *johnmuirway.org*

Sur le John Muir Way, à Dunbar

Château de Tantallon et, au loin, Bass Rock

Bass Rock, l'île noire

La plus belle plage des environs reste Seacliff, car elle offre une vision unique sur Bass Rock et le château de Tantallon. Bass Rock est le lieu de séquestration de David Balfour dans *Catriona* : il est «éloigné» par Lord Prestongrange afin de ne pas interférer avec le procès de James Stewart. David Stevenson, cousin de l'auteur, a construit le phare qui se dresse sur l'île huit ans après la mort de Louis. L'été, il est possible de s'approcher de Bass Rock par bateau au départ de North Berwick. Tantallon Castle était aux mains des Douglas Rouges, ennemis réguliers de la Couronne. C'est Oliver Cromwell qui réussit à faire tomber l'imprenable forteresse (défendue par des murailles de 15 m) en 1651.

Tantallon Castle – En cas de mauvais temps, faites-vous confirmer les horaires d'ouverture. Entrée payante.
historicenvironment.scot/visit-a-place/places/tantallon-castle

Voler de ses (presque) propres ailes

Les nombreuses îles et cavernes de la région sont le paradis des oiseaux. D'abord donc, depuis Tantallon Castle, impossible de manquer Bass Rock, capitale mondiale des fous de Bassan (autour de 140 000 fous !). Généralement, un couple de fous abandonne son oisillon lorsqu'il atteint l'âge de deux mois. S'il sait se débrouiller, il peut espérer vivre environ 30 ans. À North Berwick, le Scottish Seabird Centre permet de filmer leur vie sur l'île de Fidra, notamment, sans les gêner. Il offre aussi des vues sur les autres îles du Firth of Forth. Plus près d'Édimbourg, la réserve d'Aberlady accueille chaque automne près de 30 000 oies à bec court venant d'Islande. Mais des espèces rares s'y donnent rendez-vous tout au long de l'année, notamment des traquets gorges blanches et têtes noires, et plusieurs sortes d'échassiers, parmi lesquels le chevalier et le vanneau...

Scottish Seabird Centre – North Berwick
Tél. 01620 890 202, *seabird.org*
Entrée payante.

Les sorcières de North Berwick

Dès le XVIe siècle, la région de North Berwick est envahie par les flammes des bûchers. Le château de Dirleton fut même la prison d'un certain nombre de personnes accusées de sorcellerie. En tout, près de 4 000 procès eurent lieu en Écosse jusqu'au début du XVIIIe siècle. L'origine de ces procès ? Une tempête ! En 1589, le roi Jacques VI d'Écosse se rend à Oslo pour épouser Anne, la fille du roi de Danemark et de Norvège. À l'origine, Anne devait rejoindre son fiancé en Écosse, mais la traversée n'avait pu avoir lieu à cause d'orages particulièrement forts... que l'on imputa à des femmes réputées guérisseuses ! Les premiers procès en sorcellerie débutèrent durant l'été 1589 à Copenhague, avant que Jacques VI ne décidât de les « importer » en Écosse. Le roi lui-même interrogea – et fit torturer – dans les murs de son palais de Holyrood une sage-femme, notamment, Agnes Sampson, qui fut condamnée à mort sur le Royal Mile (Édimbourg) en 1591. En 1649, John Kincaid, piqueur de sorcières professionnel (il sera plus tard incarcéré pour tromperie !), trouve des « marques du diable » sur des hommes et des femmes qu'il emprisonne au château de Dirleton, avant de les faire étrangler et brûler.

Comploter dans les ruines

Dirleton fut construit au XIIe siècle par la famille rouennaise de Vaux, c'est donc un territoire un peu normand que vous parcourez ici. De l'extérieur, le château semble ramassé, mais à l'intérieur les salles en ruine en imposent ! La cuisine est monumentale. Son histoire est marquée par les complots : on y croise quelques fantômes. Au XVIe siècle, Dirleton appartient au couple Ruthven. Leur fils, Patrick, est impliqué dans le meurtre du confident de Mary Stuart, David Rizzio, au palais de Holyrood en 1566 (voir Holyrood – Édimbourg, p. 216). Il fuit en Angleterre. Mais le fils de Patrick, William, comte de Gowrie, participe à un autre complot, visant cette fois à enlever un autre « fils » de Mary Stuart, en l'occurrence le futur roi Jacques VI, dans le château de Huntingtower. Il faut se rappeler les luttes de religions féroces, à l'époque, entre les Stuart écossais, catholiques, et leurs cousins, les Tudor, maîtres de l'Angleterre protestante. Bref, Jacques VI s'échappe, Gowrie est gracié. Il finit tout de même décapité en 1584 à cause d'un nouveau complot : cette fois, il voulait s'emparer du château de Stirling !

Dirleton Castle – Dirleton – Avr.-sept. : tlj. 9 h 30-17 h ; oct.-mars. : tlj. 10 h-16 h. Fermé à l'heure du déjeuner (12 h 30-13 h 30). Entrée payante.

Château de Dirleton

Les Dents de la Law

On ne voit que lui à North Berwick, y compris des toits de Dirleton : ce cône volcanique (The Law) de près de 200 m de haut au sommet duquel trône une mâchoire de baleine. La vue y est très belle.

Le cône de la Law, North Berwick

Visiter le musée Stevenson

Le pèlerin de Stevenson ira évidemment visiter le musée qui lui est en partie consacré à North Berwick. Stevenson a passé des étés à North Berwick dès 1862. Avec ses amis et son cousin Bob, il jouait dans les grottes, à Point Garry, et sur la Law. North Berwick était pour Stevenson « un village de pêcheurs avec des filets qui sèchent, des épouses qui grondent, l'odeur du poisson et des algues et des sables soufflés ». Rockend, une maison face à la mer, sur Marine Parade, était le lieu de villégiature principal des Stevenson à North Berwick. Les contes qu'il entendait de la bouche de ses proches l'ont beaucoup marqué, comme celui des *Pagans of Scoughall* («les païens de Scoughall») évoquant ces navires échoués sur les rochers de Great Carr par les habitants de Scoughall eux-mêmes. Le Coastal Communities Museum, à l'étage de la bibliothèque de North Berwick, présente trois salles riches en artefacts qui racontent l'histoire de la ville et de ses environs (Dirleton, Gullane, Aberlady...). Il y est donc question de sorcières, de pirates... Vous serez un peu plus immergé dans le North Berwick de l'époque de Stevenson. Les bénévoles proposent aussi des activités pour les enfants.

Coastal Communities Museum – School Road, North Berwick. *coastalmuseum.org*
Entrée gratuite.

Y aller : en train et en bus

Au départ d'Édimbourg, compter 20-25 min en train (*crosscountrytrains.co.uk*) jusqu'à Dunbar, puis 20 min avec le bus n° 120 (arrêt « Limetree Walk »). Pour le retour au départ d'Aberlady, bus n° 124 (arrêt « Community Hall », à 10 min de marche de la réserve naturelle) jusqu'à Édimbourg (*lothianbuses.com*).

Hébergement

Scoughall Holiday Cottages – Scoughall Farm, North Berwick. *scoughall.co.uk*
B&B The Wing – 13 Marine Parade, North Berwick. *thewing.co.uk*

Se restaurer

The Drift – North Berwick (à 800 m du château de Tantallon). *driftalong.co.uk*
The Grange – 35 High Street, North Berwick. *grangenorthberwick.co.uk*

Les Pentland Hills et la vallée de Roslin

Localisation : Pentland Hills, Roslin Glen

Distances : Swanston – Nine Mile Burn → 16,5 km (820 m d+, env. 7 h).

Swanston – Glencorse Reservoir – Flotterstone Inn → 7 km (180 m d+, env. 3 h).

Flotterstone Inn – Roslin Glen (Rosslyn Chapel, Hawthornen Castle) → 11,5 km (120 m d+, env. 3 h 30).

Infos utiles : pentlandhills.org

Carte → OS Pathfinder n° 47, Edinburgh, Pentlands and Lothians.

Le sud-est d'Édimbourg est une région voluptueuse pour la vue et l'esprit. Les vallées cachent des munitions de rêves – on y trouve même l'édifice le plus flamboyant de tout le pays : la chapelle de Rosslyn… Mais l'appel des cimes nous fait d'abord prendre la direction des Pentlands, *Hills of Home* du jeune Louis. Pour mémoire, ce sont les Pentlands qui offrirent à Stevenson la matière de son premier livre évoquant la défaite des covenantaires – un mouvement religieux et politique qui s'est battu au XVIIe siècle pour préserver le presbytérianisme en Écosse contre l'anglicanisme…

× × ×

Les landes de bruyères des Pentland Hills

Les collines pentues des Pentlands sont accessibles en 20 min du centre d'Édimbourg. Nous vous proposerons ici trois randonnées qui peuvent correspondre à des attentes variées. Depuis Swanston d'abord, hameau chéri par Stevenson, les marcheurs aguerris peuvent rejoindre Nine Mile Burn, quand les randonneurs moins expérimentés s'arrêteront au Glencorse Reservoir. Dans les deux cas, l'auberge Flotterstone Inn appelle une halte réconfortante. Les amateurs de patrimoine et d'ésotérique seront comblés par le troisième circuit qui, partant de cette auberge, conduit au Roslin Glen. Si la première randonnée (Swanston-Nine Mile Burn) mérite une journée entière, on peut un autre jour profiter de Glencorse le matin et de la vallée de Roslin et de sa chapelle l'après-midi.

Swanston

Swanston Cottage, dans le hameau de Swanston, date du XVIIIe siècle – mais la dizaine de chaumières qui composent ce village datent du siècle précédent. Le père de Stevenson loua cette importante villa de 1867 à 1880, ce qui permit à son fils d'arpenter les environs avec frénésie durant ces belles années. Pour apercevoir Swanston Cottage, il faut arriver à Swanston par Swanston Road, puis prendre la première route à droite devant la brasserie : elle vous conduira devant les anciens bâtiments de la ferme Swanston et, tout au bout du chemin, vous atteindrez la grande maison blanche... Stevenson considérait le pic de Caerketton (478 m) comme le point de vue suprême pour admirer Édimbourg et sa région : « Vous êtes assis, comme Jupiter sur l'Olympe, et regardez de loin la vie des hommes. »

Glencorse Reservoir

De Swanston à Nine Mile Burn

La chaîne des Pentlands offre plusieurs randonnées selon votre niveau sportif et vos envies. Relier Caerketton Hill, Allermuir Hill et Capelaw Hill est une bonne idée, bien que ce parcours soit long et assez sportif. Au départ du village de Swanston (173 m) en direction du hameau de Nine Mile Burn, vous traverserez Allermuir Hill (493 m), Turnhouse Hill (506 m), Carnethy Hill (573 m), Scald Law (579 m), East Kip (534 m) et West Kip (551 m), avant d'atteindre Nine Mile Burn (275 m). Le parcours, entièrement fléché par des panneaux, s'effectue en environ 7 h de marche. À Nine Mile Burn, le bus peut vous reconduire à Édimbourg. Durant cette marche, vous aurez l'occasion notamment d'admirer les vestiges de Castle Law – un village de l'âge de pierre – et Rullion Green, site de la bataille. Notez qu'un télésiège peut vous mener directement au sommet d'Allermuir.

La chapelle submergée de Glencorse

Après le sommet d'Allermuir, le sentier redescend vers Glencorse, une petite vallée fendant le nord des Pentland Hills, puis rejoint le Glencorse Reservoir et enfin Flotterstone Inn, à l'extrémité est. L'itinéraire est moins corsé que celui menant à Nine Mile Burn par tous les sommets des Pentlands Hills, mais il plaira aux contemplatifs : les vues sont tout aussi romantiques ! Les réservoirs des Pentlands – Loganlea, Threipmuir, Harlaw, Glencorse… – furent construits au début du XIXe siècle pour alimenter des moulins et les habitants d'Édimbourg en eau. À cette occasion, une chapelle du XVe siècle, St Catherine's of the Hopes, dut être submergée dans le réservoir de Glencorse – peut-être entendrez-vous ses cloches sonner ?

Château de Rosslyn

Dans le Roslin Glen

La vallée de Glencorse s'achève à l'extrémité est du réservoir, au hameau de Flotterstone. Après un *steak and ale pie* réconfortant à la table de son fameux *inn* (*flotterstone.com*), on quitte le hameau vers l'ouest, direction le Roslin Glen. Après 1h de marche sur les chemins ruraux, on atteint les berges boisées du North Esk, un affluent de l'Esk. Encaissée dans l'étroite vallée de Roslin aux parois de grès rose, la rivière prend ici des airs de torrent de montagne… Passez sous le château en ruine, puis cherchez les graffitis templiers (des triangles maçonniques constituant un «Arbre de vie»?) gravés dans le mur au bas des remparts – marques des tailleurs de pierre – et écoutez le chant des martins-pêcheurs. Le château de Rosslyn fut lui aussi détruit par les armées d'Henry VIII, en 1544, puis par celles de Cromwell, un siècle plus tard. Au printemps, couvert de jacinthes, le bois est enchanteur. Ici, les falaises sont impressionnantes, enserrant le *glen* de leur étreinte de pierre. On s'attend presque à voir des chevaliers arriver de tous les côtés! Vous pouvez suivre le sentier en surplomb de la rivière jusqu'au château de Hawthornden (XVIIe siècle), sur l'autre rive, puis repartir en sens inverse pour grimper jusqu'à la chapelle de Rosslyn.

Rosslyn Chapel

Sur le rebord ouest de la vallée de Roslin, toisant le château, la chapelle de Rosslyn semble extraite d'un paysage du Portugal tant ses décors sont flamboyants. Au XVe siècle, son fondateur, le prince d'Orkney William Sinclair voulait en faire une vaste collégiale, mais de cette forteresse religieuse, seul le chœur fut achevé. On lui donna donc le nom de chapelle. Dans la chapelle, on parle même d'une présence du Saint Graal – depuis le succès du roman de Dan Brown, *Da Vinci Code*, en 2003. L'auteur expliquait même : « Lorsque j'ai décidé d'écrire *Da Vinci Code*, je savais que sa fin devrait se dérouler dans la chapelle la plus mystérieuse et la plus magique de la planète : Rosslyn. » À l'intérieur, cent dix « hommes verts » décorent les murs : on en compte plus que de figures religieuses ! Mais son pilier dit de l'Apprenti est entaché d'un crime. Ce pilier est donc l'œuvre d'un apprenti ; sa perfection rendit si jaloux son maître qu'il l'aurait tué. Le plafond de Rosslyn alterne superbement les motifs de fleurs de lilas, de roses et d'étoiles.

Rosslyn Chapel – Chapel Loan, Roslin. Tél. 0131 440 2159, *rosslynchapel.com* Tlj. sauf pendant les offices religieux. Réservation conseillée sur le site internet. Payant.

Dr Banner et Mr Hulk

Les hommes verts de Rosslyn ont partie liée avec les poiles *brownies*, génies locaux dont un trait de caractère est la dualité et l'autre la faculté de « posséder » (Stevenson confiait parfois écrire sous leur dictée !). Mr Hyde fut l'avatar moderne des *brownies*, avant l'apparition de Hulk, dans les années 1960 ! L'homme vert créé par Stan Lee s'inspire directement du Dr Jekyll, de l'aveu même de son créateur. Car sous le superhéros Hulk se cache Robert Bruce Banner, docteur lui aussi, mais en physique nucléaire. Accidentellement exposé à des rayons gamma, il en hérite une force phénoménale.

L'un des 110 « hommes verts » de la chapelle de Rosslyn

Aller dans les Pentlands

Bus 101 depuis Édimbourg jusqu'à l'arrêt « Swanston Golf Center », « Snowsports Centre » ou « Flotterstone » (*houstonscoaches.co.uk*) ; bus n°4 ou 27 (*lothianbuses.com*) jusqu'à « Snowsports Centre » ou « Howe Park », puis marche de 20 min jusqu'à Swanston. Retour en bus depuis Nine Mile Burn.

Aller à Rosslyn Chapel

En bus depuis Édimbourg : ligne 37 (*lothianbuses.com*) de North Bridge jusqu'à l'arrêt Original Rosslyn Hotel (env. 50 min). En voiture, via A701 : 33 min.

Hébergement

Swanston Farm Holiday Cottage – Swanston. *swanston.co.uk/holiday-cottages*

Restauration

Flotterstone Inn – Howgate. *flotterstone.com*
Swanston Brasserie – Swanston. *swanston.co.uk/brasserie*

À lire, à voir, à écouter

Par Marc Porée

À lire

Lire et marcher font bon ménage chez Stevenson, tant ses livres généralement minces tranchent avec les volumineux romans victoriens. Glissés dans un sac à dos ou une valise, loin de peser, ils transportent.

- ***Voyage avec un âne dans les Cévennes*** (1879), traduction par Léon Bocquet, introduction par Gilles Lapouge, GF Flammarion, 1991. Le récit d'une randonnée devenue mythique, en compagnie d'une ânesse et d'une femme aimée de loin et au bout de la nuit.

- ***L'Île au trésor*** (1883), traduction par Marc Porée, Folio Gallimard, 2002. – Traduction par Jean-Jacques Greif, Tristram, 2018. Pour retrouver l'enfance, ses rêves de cartes, de pirates et de trésors.

- ***L'Étrange Cas du Dr Jekyll et de M. Hyde*** (1886), traduction par Charles Ballarin, préface de J.-B. Pontalis, Folio classique Gallimard, 2000. Le dédoublement à son comble.

- ***Les Aventures de David Balfour***, traduction Théo Varlet, préface Francis Lacassin, Éditions du Rocher, 2006 [comprend *Enlevé !* et *Catriona*].

- ***Le Maître de Ballantrae*** (1889), traduction par Alain Jumeau, postface de Jean Echenoz, Folio classique Gallimard, 2003. Un duel fratricide déployé sur trois continents.

- ***Le Creux de la vague*** (1894), traduction et présentation par Jean-Pierre Naugrette, GF Flammarion, 2011. Fin de l'aventure, et de l'Occident par la même occasion.

La BD n'est pas en reste :

- ***Hermiston***, T1, ***Le Juge Pendeur*** ; T2, ***Les Quatre Frères***, Jean Harambat, Futuropolis, 2011. D'après le roman inachevé *Weir of Hermiston* (1896), une intrigue écossaise en diable.

Pour aller plus loin dans la connaissance de l'œuvre :

- Michel Le Bris, ***Pour saluer Stevenson***, Flammarion, 2000. Le biographe et romancier s'y acquitte de sa dette envers celui qui lui inspira la création, à Saint-Malo, du festival Étonnants Voyageurs.

- Jean-Pierre Naugrette, ***Robert Louis Stevenson, L'aventure et son double***, Presses de l'ENS, 1987. Très éclairante étude placée sous le signe de l'embarquement et de la psychanalyse.

À voir

Les adaptations filmiques sont innombrables, à la hauteur du souffle romanesque de l'œuvre et de la fascination de l'écrivain pour les différents procédés, aisément transposables à l'écran (champ/contrechamp), permettant de porter l'affrontement des contraires à son paroxysme.

- ***Treasure Island*** (1950), réalisé par Byron Haskin, avec Bobby Driscoll et Robert Newton.
- ***Treasure Island*** (1990), réalisé par Fraser Clarke Heston, avec Charlton Heston, Christian Bale, Oliver Reed, Christopher Lee.

- Le cinéma a surtout retenu «**L'Étrange Cas...**», et ce, dès les origines du muet : ***Dr Jekyll and Mr Hyde*** (1920), réalisé par John S. Robertson, avec John Barrymore. On retient en priorité la version de Victor Flemming, en 1941, avec Spencer Tracy, Ingrid Bergman et Lana Turner. Assez rapidement, la parodie s'en mêle : ***Abbott and Costello Meet Dr Jekyll and Mr Hyde*** (1953), réalisé par Charles Lamont, avec Bud Abbott, Lou Costello et Boris Karloff, et ***The Nutty Professor*** (1963), porté à l'écran et interprété par Jerry Lewis. En 1971, Roy Ward Baker innove avec ***Dr Jekyll and Sister Hyde***, pour lequel Martine Beswick est la première femme à se glisser dans la peau du «monstre».

- ***Antoinette dans les Cévennes*** (2020), de Caroline Vignal, avec Laure Calamy, Benjamin Lavernhe : un piquant divertissement librement adapté de ***Voyage avec un âne dans les Cévennes***.

À écouter

Avec ou sans casque audio vissé sur les oreilles, Stevenson s'écoute plutôt deux fois qu'une !

Podcasts

- ***Et nous, liserons, Radio Laser*** : «Robert Louis Stevenson, Voyageur sans bonnet avec un âne».

- ***La Balado de Pauchon***, Hervé Pauchon, «Sur les traces de Robert Louis Stevenson».

  France Culture : «Robert Louis Stevenson 4 épisodes».

Comédie musicale

- ***Jekyll and Hyde, The Musical*** (1990), livret de Leslie Bricusse, Steve Cuden, sur une musique de Frank Wildhorn. *youtube.com/watch?v=i7nMpRtN7bU*

Chanson

- ***Mr Hyde*** (1979), Philippe Chatel.

Les auteurs

Coralie Grassin, globe-trotteuse et autrice voyage installée à Londres, a deux passions : musarder en pleine nature sur les sentiers de grande randonnée et les évasions sereines en *paddleboard*... Des plaisirs simples qui s'accompagnent de cueillettes, de rencontres improbables et de nuits sous la tente. Pour cet ouvrage, accompagnée d'une ânesse attendrissante, elle a refait le voyage de Stevenson dans les Cévennes (p. 6). Vous pouvez suivre ses aventures sur Instagram @chocoralie.

Jean Tiffon, journaliste spécialisé dans le voyage et la gastronomie, parcourt le monde pour diverses publications. Habitant de Paris depuis plus de vingt ans, il aime aussi découvrir des trésors de nature au coin de chez lui. On lui doit le chapitre *Le pays de Fontainebleau* (p. 59), qu'il a parcouru en tout sens pour écrire ces textes. Il tient à remercier chaleureusement Michel Legros et tous les membres de l'association Robert Louis Stevenson de Barbizon à Grez pour leur passion contagieuse et leur aide si précieuse.

Jean-Philippe Follet ne se lasse pas de sillonner l'Écosse. Diplômé en Civilisations et cultures des Pays de langue celtique, ce Breton aujourd'hui auteur et traducteur a co-écrit le guide *Coups de cœur Écosse* (Gallimard, 2023) et publié plusieurs articles sur les Hébrides et les Highlands. On lui doit le chapitre *Le Stevenson Way*, p. 131 (à l'exception du texte *Les Hautes-Terres en solitaire*). Un grand merci au *mountain leader* Ian Logan pour ses précieux conseils dans l'art d'arpenter les landes de Mull.

Marc Porée n'en aura jamais fini avec l'aventure. Professeur émérite de littérature anglaise à l'ENS, il a traduit *L'Île au trésor*, *Enlevé !* et *Catriona*, dans les trois volumes de l'édition de La Pléiade des *Œuvres* de R.L. Stevenson, aux éditions Gallimard. Randonneur occasionnel, plutôt dans les Pyrénées, il aime surtout marcher sur les traces des grands écrivains. On lui doit les textes *Marche ou crève* (p. 54), *Robert Louis Stevenson* (p. 98), *Cheminer dans l'Histoire* (p. 198) et *À lire, à voir, à écouter* (p. 232).

Olivier Godin, journaliste et auteur, sillonne la planète à vélo depuis 15 ans. S'il a longtemps préféré l'exotisme des confins, il s'épanouit aujourd'hui davantage dans les aventures de proximité et les dépaysements express. Un point commun avec Stevenson, dont il a suivi, à la force des mollets, le lointain sillage dans les Hauts-de-France (*Les rivières et canaux du Nord*, p. 100) et les tribulations fictives dans les Highlands (*Les Hautes-Terres en solitaire*, p. 186). Aux éditions Voyages Gallimard, ce cycliste au long cours a également signé les albums *À vélo* et *À vélo en Europe*.

Dimitri de Larocque Latour. La passion du surnaturel l'a logiquement conduit dans les brumes du Vieux Nord! Après y avoir traqué l'Enchanteur pour *L'Écosse fantastique : L'appel de Merlin* (Magellan & Cie, 2024), il répond cette fois à l'invitation de Long John Silver et part explorer les côtes déchiquetées de l'East Lothian (p. 206), avant de courser Mr Hyde d'Édimbourg (p. 214) aux Pentland Hills (p. 226). De l'autre côté de la Manche, retrouvez notre chasseur de légendes avec *La France fantastique* (Voyages Gallimard, 2022).

L'association Sur le Chemin de R.L. Stevenson

L'association Sur le Chemin de R.L. Stevenson est le fruit de rencontres entre prestataires touristiques (hébergeurs, accompagnateurs montagne, loueurs d'ânes...) mus par un même attrait pour l'œuvre littéraire de l'auteur écossais et épris de l'avant-gardisme et de l'humanisme qu'il incarne. Trente ans après sa création, le Chemin de Stevenson, balisé et entretenu par les Comités locaux de la FFrandonnée, est la première vente de topoguides en France, depuis plusieurs années.

Avec près de 200 adhérents, l'association anime son réseau notamment par de l'événementiel culturel et des liens d'amitié. Outre l'animation, l'association promeut le Chemin : à la diffusion d'une brochure pratique s'ajoutent un site internet et une application numérique, le tout en libre accès. Ce chemin est aussi accueillant pour les personnes en situation de handicap visuel et moteur.

Déjouer les écueils du tourisme de masse, contribuer à la vitalité économique des territoires, créer la rencontre entre habitants et randonneurs, examiner la pertinence des actions menées à l'aune de leur teneur culturelle pour rester dans l'esprit de Stevenson : telles sont les spécificités de l'association Sur le Chemin de R.L. Stevenson. L'engouement pour le Chemin est tel qu'il est tentant d'affirmer qu'elle ne s'est pas trompée.

chemin-stevenson.org

L'association met à disposition des randonneurs une brochure, mise à jour chaque année, comprenant un recensement exhaustif des prestataires adhérents à l'association (hébergeurs, restaurateurs, loueurs d'ânes, etc.).

Sur les traces de Robert Louis Stevenso

Réseau européen

Dans cinq pays d'Europe, des passionnés célèbrent Stevenson sur les lieux visités ou décrits par l'écrivain. Réunis en un réseau européen, à l'initiative de l'association Sur les chemins de R.L. Stevenson des Cévennes (voir p. 235), certifié en 2015 « Itinéraire culturel » par le Conseil de l'Europe, ils font ainsi vivre la culture et les valeurs communes aux européens de façon conviviale.

www.rlstevenson-europe.org

RLS Club

Basé à Édimbourg, ville natale de Stevenson, le RLS Club se consacre depuis plus d'un siècle à la promotion de Stevenson et de son œuvre dans le monde entier. Regroupant universitaires et amateurs, il offre une riche palette d'informations, écrits et images et de très nombreuses activités : colloques, conférences, découverte de la région du Lothian, publications, randonnées et voyages. Chaque année, le 13 novembre, le RLS Club organise le RLS Day, une belle occasion de découvrir l'écrivain et la région du Lothian, qui a toujours constitué une source d'inspiration pour Stevenson depuis ses premières réflexions jusqu'à ses derniers écrits dans les lointaines Samoa.

robert-louis-stevenson.org/rls-club

Stevenson Way

Créé par Ian Logan en 2011, le Stevenson Way suit le chemin emprunté par le héros de *Kidnapped!*, David Balfour. Long de 370 km, il débute à Erraid, sur l'île de Mull, dans les Hébrides intérieures, et va jusqu'à Édimbourg. Le chemin traverse le loch Linnhe, Glen Coe, Rannoch Moor, rejoint Callander et Dunblane et s'achève dans le quartier de Corstorphine, à Édimbourg. Passionnant par sa diversité, le chemin n'en est pas moins ardu, notamment en raison d'une météo toujours imprévisible et de l'absence de balisage, exigeant le plus souvent une navigation avec carte et boussole. Il est parfois emprunté par des groupes de jeunes dans une perspective de soutien social et éducatif.

stevensonway.org.uk

Robert Louis Stevenson de Barbizon à Grez

Depuis 2013, l'association éclaire toutes les facettes de l'écrivain-marcheur, amoureux, rêveur et philosophe. Le rosier Robert Louis Stevenson® rappelle son amour pour Fanny, une périssoire restaurée

évoque les fêtes des bords du Loing. Les enfants chassent les trésors, un cercle de lecture et des balades contées, avec ou sans âne, puisent dans une œuvre immense. De Fontainebleau à Châtillon-sur-Loire et, demain, jusqu'aux Cévennes toute marche est prétexte à la découverte et aux rencontres.
stevenson-fontainebleau.fr

Sur les canaux du Nord, dans le sillage de Robert Louis Stevenson

L'association a pour but de promouvoir la vie et l'œuvre de Stevenson, valoriser les patrimoines naturels et culturels et structurer un réseau de partenaires touristiques autour de son œuvre. Découvrez des paysages variés d'Anvers à Pontoise. L'itinéraire peut être parcouru en totalité ou en partie, sur l'eau ou par les voies cyclables. Plusieurs musées jalonnent le parcours.
facebook.com/stevensoncanaux

Bristol Long John Silver Trust

Créé en 2005, le Long John Silver Trust de Bristol regroupe des passionnés de *L'Île au trésor*. Ce groupe organise des expositions, des promenades, propose des conférences et développe une importante activité littéraire sur la littérature maritime, la piraterie, l'esclavage et le colonialisme. Le Long John Silver Trust a créé le sentier de l'île au trésor dans le port de Bristol. Un musée sur le colonialisme et l'esclavagisme est en projet.
longjohnsilvertrust.co.uk

Ville de Menton

Ville aux confins de l'Italie, de Monaco et de Nice, Menton a acquis très tôt, grâce au docteur Bennet, un médecin britannique, la réputation de posséder un microclimat subtropical favorable à la guérison des maladies pulmonaires. Ce médecin contribua à l'essor touristique de la Côte d'Azur grâce à l'arrivée de nombreux Anglais et Européens en quête de soins. Katherine Mansfield et Blasco Ibanez séjournèrent à Menton.
menton-riviera-merveilles.fr

Ville de Davos

Depuis 2023, la ville de Davos, station de sports d'hiver et centre de cure de Suisse, est membre du réseau européen Stevenson. Ce réseau complète une offre culturelle partagée avec d'autres écrivains tels Thomas Mann et Conan Doyle. Un sentier littéraire comprend 13 stations audio, dont l'une se trouve à l'endroit du chalet Am Stein, résidence de Stevenson lors de son second séjour en 1881-1882. Le Kulturplatz Davos informe sur cette promenade littéraire et la bibliothèque contient une riche documentation sur la période où R.L. Stevenson était à Davos.
gemeindedavos.ch, davos.ch, igr.app.graubuenden.ch/de/literatur-promenade-davos

Ville de Bad Homburg vor der Höhe

Station thermale réputée pour ses cures, Bad Homburg est au centre d'une région vivante et prospère près de Francfort-sur-le-Main. Dès 2018, la ville, fortement engagée dans la vie littéraire autour du poète et philosophe Friedrich Hölderlin (1770-1843), a souhaité faire vivre l'œuvre de Robert Louis Stevenson, tout en valorisant son patrimoine architectural marqué par son statut de cour de récréation des souverains d'Europe. Conférences et lectures des œuvres de Stevenson sont au programme de la médiathèque.
bad-homburg.de/de/erleben

Crédits photographiques

Association Stevenson / Alain Lagrave Florac - p. 14, p. 22, p. 235 (extrait brochure), p. 238.

Jean-Paul Battin - p. 72 ; p. 75, p. 84.

Jean-Philippe Follet - p. 135, p. 165, p. 171.

A. Garcia - p. 110.

Olivier Godin - p. 105, p. 107, p. 113, p. 117, p. 121, p. 124., p. 187, p. 189, p. 190, p. 194

Coralie Grassin - p. 17

Alamy Stock Photo - Alexisaj p. 148 ; Arterra Picture Library p. 175 ; John-Paul Bell p. 168 ; George Brice p. 181 ; Bridge Community Project p. 219 ; John Carroll Photography p. 220 ; Classic Image p. 56 ; CW Images p. 193 ; Mark Boulton p. 163 ; Richard Childs Photography p. 166 ; Neil Dangerfield p. 154, p. 158 ; Joe Dunckley p. 170, p. 178 ; Alex Ekins p. 184 ; EMU history p. 98 ; Keith Fergus p. 207 ; Trish Gant p. 200 ; Apostolis Giontzis p. 137 ; Tim Graham p. 145 ; John Heseltine p. 231 ; Colin Hunter p. 169 ; Chris Jones p. 162 ; Wojciech Kruczynski p. 160 ; David Noton Photography p. 176 ; Aidan Maccormick p. 157 ; Robert Morris p. 130 ; Marieke Peche p. 174 ; Piemags/LCB p. 57 ; Realy Easy Star p. 201 ; Rolf Richardson p. 200 ; Phil Seale p. 185 ; Jon Sparks p. 199 ; Lynne Sutherland p. 151, p. 152, p. 159 ; Sebastian Wasek p. 140.

Hemis - Sarah Akad p. 122 ; Jon Arnold Images p. 182 ; Guy Christian p. 26, p. 29 ; Matthieu Dupont p. 33, p. 34 ; Bertrand Gardel p. 70, p. 114 ; Gregory Gerault p. 150 ; Franck Guiziou p. 6, p. 9, p. 13, p. 18, p. 35, p. 36, p. 38, p. 40, p. 42, p. 46, p. 48, p. 53 ; Philippe Houze p. 103 ; Laurent Moreau p. 58 ; Signal Photos p. 74 ; Bertrand Rieger p. 28 ; Westend 61 p. 172.

Photononstop - Gérard Labriet p. 45, p. 47 ; Library of Congress/Mary Evans Picture Library p. 55 ; Mary Evans Picture Library p. 118, p. 198 ; Jason Peters/Aurora p. 222.

Shutterstock - Alanf p. 230 ; BeKan p. 33 ; George Baliasov p. 203 ; Bennekom p. 117, p. 120 ; Hassan Bensliman p. 63, p. 66, p. 95 ; Binson Calfort p. 224 ; Natalia Catalina.com p. 81 ; CDK Photos p. 108 ; Antonio Coppola p. 225 ; David Fitzell p. 228 ; Robert Harding Video p. 86 ; Nigel Housden p. 45 ; Image01 p. 50 ; Eric Isselee p. 30 ; Jef77 p. 27 ; A. Karnholz p. 24 ; Christina Lacroix p. 119 ; Thomas Lenne p. 96 ; Mistervlad p. 83 ; Francesco de Marco p. 223 ; Pack-Shot p. 90, p. 127 ; J.-M. Quinet p. 101 ; André Quinou p. 77 ; Alexandre Rosa p. 69, p. 78, p. 92 ; rosn123 p. 218 ; EduardoRM p. 211 ; Scotland's Scenery p. 208 ;Ignacio Sernandez p. 125 ; Joao Paulo V Tinoco p. 126 ; JoannaTkaczuk p. 226 ; Topillo p. 217 ; Udompeter p. 214.

Jean Tiffon - p. 87, p. 88.

DR - p. 73

L'éditeur remercie chaleureusement l'association cévenole
Sur le chemin de Robert Louis Stevenson, ainsi que le réseau
européen Sur les traces de Robert Louis Stevenson pour leur
participation rédactionnelle, leur contribution financière
à l'ouvrage et leurs précieux conseils.

Directrice éditoriale : **Hélène Firquet**
Responsable de collection : **Laura Gélie**
Coordination éditoriale : **Bertrand Lauzanne**
Responsable artistique : **Érica Périgaud**
Conception graphique et mise en pages : **Studio BDAG**
Lecture-correction : **Marianne Stjepanovic-Pauly**
Photographie de couverture : **Bertrand Rieger/Hémis.fr**
Responsable des coéditions internationales et des partenariats
B2B : **Mathilde Barrois**
Chargée de partenariats B2B : **Manon Aveline**
manon.aveline@gallimard-loisirs.fr
Relations presse : **Francis Tier**
Fabrication : **Christine Lopes, Julien Recurt et Héloïse Rocher**
Photogravure : **Nord Compo Villeneuve d'Ascq**

Achevé d'imprimer en septembre 2024
DZS Grafik d.o.o. en Slovénie
Dépôt Légal : **octobre 2024**
N° d'édition : **634559**

FSC
www.fsc.org
MIXTE
Papier | Pour une gestion forestière responsable
FSC® C106600